W0393315

Das große THONON Diät Buch

Marie Stark und Sarah Kapp

150 nahrhaft Rezepte, um gesund abzunehmen.
***EXTRA** mit Ernährungsplan(Diät Kochbuch)*

Inhaltsverzeichnis

Einleitung

Die Thonon Diät ist einer der neuesten und vielversprechendsten Wege, um schnell, langfristig und gesund die Pfunde purzeln zu lassen. Die Methode wurde in dem gleichnamigen französischen Ort Thonon-les-Bains in einem Krankenhaus von Ärzten entwickelt. Der Ansatz erinnert an andere kohlenhydratarme Diäten, unterscheidet sich aber grundlegend in mehreren Aspekten. Auch bei der Thonon Schlankheitskur sollen in nur 2 Wochen bis zu 10 kg von den Hüften verschwinden, aber das ganze ist in 2 Phasen aufgeteilt (Abnehmphase 2 Wochen, Stabilisierungsphase 1 Woche pro verlorenes Kilo). Es geht also nicht einzig darum, Gewicht zu verlieren, sondern die hart erarbeitete Bikinifigur auch zu behalten. In der ersten Phase können lediglich maximal 800 Kalorien am Tag verzehrt werden. Das klingt wenig, ist es auch!

In dieser ersten Phase wird der Stoffwechsel auf ketogen umgepolt und somit der Großteil der Gewichtsabnahme erzielt. Gemildert wird die strenge Abstinenzphase an den sogenannten Cheat-Days oder Schummeltagen. Jetzt darf so viel gegessen werden, wie der geschrumpfte Magen zulässt. Nur Alkohol ist bei der Thonon Kur absolut tabu. Anders als bei vergleichbaren Diäten wird bei der Thonon Methode auf einen ausgewogenen Ernährungsplan großen Wert gelegt. Kohlenhydrate, Fett und Salz werden in der 2. Phase erlaubt, aber minimiert. Damit verspricht diese proteinreiche Ernährungsform nicht nur das Schlankwerden, sondern einen ganzheitlichen, dauerhaften

Weg in ein gesundes Leben. Das große Thonon Diät Buch kann deine Erfüllung der Traumfigur sein, wenn:

- Du schnell und langfristig und bis zu 10 Kilo in nur 2 Wochen abnehmen möchtest.
- Keine Heißhungerattacken erleiden möchtest.
- Auf eine ausgewogene Ernährung wert legst.
- Rezepte suchst, die auch langfristig umsetzbar sind.
- Du auf nichts ganz verzichten möchtest.
- Keinen Jo-Jo-Effekt erleben willst.
- Gefährliches Bauchfett loswerden möchtest.
- Du deinen Blutzucker senken willst.
- Krankheiten wie Diabetes vorbeugen möchtest.
- Du Kohlenhydrate mit gesundem Protein ersetzen willst.

Auch für Veganer und glutenintolerante Menschen bieten unsere Rezepte die Möglichkeit der Thonon Diät zu folgen und dennoch nicht auf Abwechslung zu verzichten. Im Folgenden werden in 150 leckeren, einfach zu folgenden Rezepten ein Weg zu einem gesunden, schlanken Leben aufgeführt. Die Rezepte beziehen sich ausschließliche auf die zweite (Stabilisierungsphase) Für die ersten beiden Wochen geben wir dir einen genauen Ernährungsplan.

Dos & Don'ts der Thonon Diät

Do:

- Proteinreiche Ernährung.
- An die vorgeschriebene Kalorienzahl halten.
- Viel Gemüse und zuckerarmes Obst verzehren um Heißhunger vorzubeugen.
- Gerne kannst du auch während der Abnehmphase Sport treiben.
- Viel Ballaststoffe (frisches Gemüse, Nüsse) um die Verdauung zu unterstützen.
- Möglichst frische Zutaten
- Fett ist ein Geschmackstransmitter, aber Aroma kann auch mit Gewürzen und Kräutern gezaubert werden.

Don'ts

- Keine bis wenig Kohlenhydrate (auch in Form von Zucker oder Fruchtzucker).
- Kein Salz (in den ersten 2 Wochen, danach sehr gemäßigt).
- Keine fettreichen Speisen.
- Kein Alkohol.
- Fertigprodukte und verarbeitete Lebensmittel.

Ernährungsplan Woche 1-2

(Abnehmphase:600 bis 800 Kalorien)

Wenn du Hunger zwischendurch oder Abends verspürst, kannst du immer auf Rohkost oder gedämpftes Gemüse zurückgreifen. Zucker in jeglicher Form (Honig, Stevia, Sirup etc.) sind tabu. Ebenso sollte auf Salz und Öl vollkommen verzichtet werden.

Tag 1&8:

- Frühstück: Tee oder Kaffee ohne Milch und Zucker (Pflanzenmilch ist erlaubt).
- Mittag: 2 gekochte Eier:150 kcal auf 100 g mit Spinat, Brokkoli oder anderem Gemüse deiner Wahl so viel du möchtest, aber in nur in Wasser gekocht, gegrillt oder gedämpft (OHNE Öl oder Salz).
- Abends: 1 gegrilltes Steak (200 g): 135 kcal auf 100 g mit Salat und Sellerie (OHNE Öl oder Salz).

Tag 2&9:

- Frühstück: Tee oder Kaffee ohne Milch und Zucker (Pflanzenmilch ist erlaubt).
- Mittag: Steak (200 g): 135 kcal auf 100 g, Salat: Tomaten, Gurken, Paprika etc. Obst (möglichst zuckerarm eine Banane hat beispielsweise etwa doppelt so viel Kalorien wie ein Apfel).
- Abends: Gekochter oder geräuchert Schinken (100 g): 170 kcal auf 100 g, gekochtes oder gedämpftes Gemüse.

Tag 3&10:

- Frühstück: Tee oder Kaffee ohne Milch und Zucker (Pflanzenmilch ist erlaubt), eine Scheibe Vollkornbrot , Pumpernickel oder Wolkenbrot.
- Mittag: 2 gekochte Eier: 150 kcal auf 100 g, Salat und Tomaten, Gurken, Paprika etc.
- Abends: Gekochter oder geräuchert Schinken (100 g): 170 kcal auf 100 g und Salat.

Tag 4&11:

- Frühstück: Tee oder Kaffee ohne Milch und Zucker (Pflanzenmilch ist erlaubt), und eine Scheibe Vollkornbrot , Pumpernickel oder Wolkenbrot.
- Mittag: 1 hartgekochtes Ei: 150 kcal auf 100, Möhren, Apfel oder andere Rohkost und ein Stück Käse (15 % Fett, 50 g): 80 kcal auf 100 g.
- Abends: Obst und 1 Becher fettarmer Naturjoghurt (1,5 % Fett, 200 g): 70 kcal auf 100 g.

Tag 5&12:

- Frühstück: Tee oder Kaffee ohne Milch und Zucker (Pflanzenmilch ist erlaubt), geriebene Möhren, Äpfel oder andere Rohkost
- Mittag: Fisch (leichter nicht fettreicher weißes Fleisch : Zander, Seelachs 200 g): 110 kcal auf 100 g in fettarmer Brühe, Tomaten, Gurken
- Abends: 1 Steak (100 g): 135 kcal auf 100 g, Salat: Tomaten, Gurken, Paprika etc. mit Salat.

Tag 6&13:

- Frühstück: Tee oder Kaffee ohne Milch und Zucker (Pflanzenmilch ist erlaubt) und eine Scheibe Vollkornbrot , Pumpernickel oder Wolkenbrot.
- Mittag: Gedämpftes oder gegrillte Hähnchenbrust (120-150 g): 200 kcal auf 100g mit Salat.
- Abends: 2 gekochte Eier: 150 kcal auf 100 g, rohes oder gekochtes Gemüse: Möhren, Kohlrabi, Spinat etc.

Tag 7&14 (Schummeltag):

- Frühstück: Tee oder Kaffee mit Zitrone ohne Milch und Zucker (Pflanzenmilch ist erlaubt).
- Mittag: 1 gegrilltes Steak (200 g): 135 kcal auf 100 g und Obst oder gekochtes Gemüse.
- Abends: nach Belieben, aber in Maßen selbst ein Stück Schokolade ist jetzt erlaubt, Alkohol hingegen ist tabu.

Ernährungsplan Woche 2 bis 12 oder länger (Stabilisierungsphase: 1200 bis 1500 Kalorien)

Die Dauer richtet sich nach den Kilos der Abnehmphase. Wenn du 10 kg abgenommen hast, solltest du den Ernährungsplan für weitere 10 Wochen beibehalten. Grundsätzlich sind die Rezepte so gestaltet, dass du einfach errechnen kannst, welches Gericht du zu welcher Tageszeit zubereiten möchtest. Wenn du es eher deftig am Mittag magst und leicht am Abend, richte deinen Plan dementsprechend aus. Die vorgeschriebene Anzahl von maximal 1500 Kalorien sollte aber nicht überschritten werden.

Bewusstes Genießen

Wie die meisten Diäten zielt die Thonon Schlankheitskur darauf ab, das Bewusstsein für die Ernährung zu stärken. Viel zu oft greifen wir unbewusst aus Geselligkeit oder zur Stressbewältigung zu Essen, auch dann, wenn wir kein Hungergefühl verspüren. Du wirst feststellen, dass Hunger tatsächlich ein Gefühl ist. Das ist eine gute Nachricht, dann es bedeutet, dass wir es mithilfe unseres Bewusstseins steuern können. Unser Körper kommt mit wesentlich weniger Kalorien aus, als wir allgemein annehmen. Zudem geben dir die Rezepte wertvolle Tipps, um ungesunde Zutaten mit fettarmen, proteinreichen und zuckerreduzierten Lebensmitteln zu ersetzen. Hier noch ein paar Tipps, um die Reise in ein neues Essensbewusstein spannend zu gestalten:

- Abwechslung sorgt für Spaß beim Abnehmen. Gesund heißt nicht langweilig oder fade.

- Selber kochen: Nur so hast du Kontrolle über deinen Kalorienverbrauch und weißt, was dein Körper zu sich nimmt.

- Wenn du Hunger verspürst, versuche diesen nicht zu ignoriere, sondern gewöhne deinen Körper und Geist an gesunde Alternativen.

- Ballaststoffe sind wichtig für den Stoffwechsel und sorgen dafür, dass du lange satt bleibst.

- Habe immer Gemüse und Obst im Tiefkühler. Unsere Rezepte sind einfach und so gestaltet, dass du jederzeit mit wenigen Zutaten eine gesunde Mahlzeit zubereiten kannst.

Der Frühe Vogel

Schnell geschmiert

Beeren
(Wolkenbrot oder Vollkorntoast)

Energie 350 kcal, Kohlenhydrate 40 g, Eiweiß 15 g, Fett 16 g

15 Minuten

Zutaten:
2 Scheiben Vollkorntoast
oder glutenfreies Brot
60 g Magerquark
2 Esslöffel zuckerfreie Beerenkompott oder gemischte
Beeren aus dem Tiefkühler
2 Teelöffel Erythrit
oder Stevia 2 g Stevia/Xylit

Zubereitung:
1. Das Brot toasten. Den Quark mit Erythrit oder Stevia/Xylit vermengen und auf dem Toast verteilen. Die Beeren oben drauf.

Avocado auf Wolkenbrot

(siehe Rezept)

Energie 530 kcal, Kohlenhydrate 5 g, Eiweiß 40 g, Fett 30 g

15 Minuten

Zutaten:
2 Scheiben Wolkenbrot
1 Avocado
Salz & Pfeffer nach Geschmack
6 Kirschtomaten
4 Blätter Salat
1 kleine rote Zwiebel (in dünnen Streifen)

Zubereitung:
1. Das Brot toasten. Die Avocado entkernen und mit einer Gabel in einer Schüssel zerdrücken und würzen.

2. Den Salat auf den Toast legen. Das Avocadomus darauf verteilen, dann mit Zwiebeln und Tomaten belegen.

Lachs mit Kapern und Frischkäse

Energie 380 kcal, Kohlenhydrate 36 g, Eiweiß 24 g, Fett 15 g

10 Minuten

Zutaten:

2 Scheiben Pumpernickel oder Low Carb Brot
2 Esslöffel fettarmer Frischkäse
30 Gramm Räucherlachse
20 g Rucola Salat
2 Teelöffel Kapern
Salz & Pfeffer nach Geschmack
1 Avocado (optional)

Zubereitung:

1. Den Frischkäse auf dem Brot verstreichen und mit Lachs, Kapern und Salat belegen.

Walnuss Energieschnittchen

Energie 470 kcal, Kohlenhydrate 23 g, Eiweiß 18 g, Fett 32 g

15 Minuten

Zutaten:

2 Scheiben Wolkenbrot oder Vollkornbrot
1 Birne

Für den Walnussaufstrich

4 Esslöffel Magerquark
100 g Apfel
3 Teelöffel Olivenöl
80 g Walnüsse (fein gehackt)
1 Teelöffel Zitronensaft
2 Teelöffel Erythrit oder Stevia/Xylit

Zubereitung:

1. Alle Zutaten für den Aufstrich mit einem Pürierstab zu einer Creme verarbeiten und auf dem Brot verteilen. Die Birne in dünne Scheiben schneiden und auf die Creme legen.

Schlanke Pute

Energie 300 kcal, Kohlenhydrate 30 g , Eiweiß 20 g, Fett 18 g

10 Minuten

Zutaten:

2 Scheiben Vollkornbrot

1 Ei

2 Teelöffel fettarmer Frischkäse

1 Teelöffel Schnittlauch (fein gehackt)

1/2 Teelöffel Senf

40 g Gurke (eingelegt oder frisch)

40 g gekochte Putenbrust (hauchdünn geschnitten)

Zubereitung:

1. Das Ei für 6-8 Minuten kochen. Das Brot mit dem Frischkäse bestreichen, mit den Gurken belegen und die Pute darauf legen. Mit Senf bestreichen und den Schnittlauch darauf streuen. Ei pellen und in Scheiben auf die Pute legen.

Leichte Käsestulle

Energie 310 kcal, Kohlenhydrate 43 g, Eiweiß 20 g, Fett 17 g

10 Minuten

Zutaten:

2 Scheiben Vollkornbrot oder Wolkenbrot
40 g Gurke (eingelegt oder frisch)
2 Teelöffel Pesto
50 g Weichkäse (16 % Fett)
20 g Rucola Salat oder Salatherzen

Zubereitung:

1. Das Pesto auf dem Brot verstreichen, mit Gurke, Käse und Rucola belegen.

Schinken-Käse Sandwich

Energie 390 kcal, Kohlenhydrate 40 g, Eiweiß 40 g, Fett 26 g

10 Minuten

Zutaten:

2 Scheiben Vollkorntoast
40 g Gurke (eingelegt oder frisch)
2 Teelöffel Pesto
30 g gekochte Putenbrust (hauchdünn geschnitten)
30 g Weichkäse (16 % Fett)
20 g Rucola Salat oder Salatherzen

Zubereitung:

1. Den Pesto auf dem getoastetem Brot verteilen und mit der Putenbrust, den Gurken, dem Käse und dem Salat belegen. Zuklappen und vierteln.

Fitness-Schinken Brot

Energie 250 kcal, Kohlenhydrate 30 g, Eiweiß 26 g, Fett 18 g

10 Minuten

Zutaten:
30 g Kirschtomaten
2 Scheiben Körner-Vollkornbrot oder Knäckebrot
2 Esslöffel körniger Hüttenkäse (0,8% Fett)
2 Scheiben Lachsschinken (à ca. 10 g)
30 g Salat

Zubereitung:
1. Den Hüttenkäse auf dem Brot verteilen, mit Schinken, Salat und Tomaten belegen.

Strammer Max

Energie 390 kcal, Kohlenhydrate 6 g, Eiweiß 40 g, Fett 35 g

10 Minuten

Zutaten:
4 Scheiben Lachsschinken oder Putenbrust
2 Eier
30 g eingelegte Gurken
2 Teelöffel Senf
6 Silberzwiebeln aus dem Glas (optional)

Zubereitung:
1. Das Ei für 6-8 Minuten kochen. Den Senf auf dem Schinken verstreichen und mit Gurke, Zwiebeln und Ei belegen.

Räuchertofu

Energie 310 kcal, Kohlenhydrate 5 g, Eiweiß 25 g, Fett 22 g

10 Minuten

Zutaten:
40 g Räuchertofu (in dünnen Scheiben)
2 Esslöffel Olivenöl
Rucola Salat oder Salatherzen
1 Tomate (in dünnen Scheiben)
Salz & Pfeffer nach Geschmack

Zubereitung:
1. Den geräucherten Tofu mit Öl beträufeln und mit dem Salat und Tomaten belegen.

Paprika Hüttenkäse

Energie 330 kcal, Kohlenhydrate 4 g, Eiweiß 30 g, Fett 28 g

10 Minuten

Zutaten:

60 g eingelegte Paprika (aus dem Glas)
2 Esslöffel Frischkäse (fettarm)
4 Scheiben Parmaschinken oder Lachsschinken (unter 3 % Fett, optional)
30 g Gurke oder Kirschtomaten (in dünnen Scheiben)
20 g Rucola Salat oder Salatherzen

Zubereitung:

1. Den Schinken mit Frischkäse bestreichen, mit und Gurke, Salat und Paprika belegen und einrollen.

Pink Morning Glory

Energie 280 kcal, Kohlenhydrate 29 g, Eiweiß 20 g, Fett 18 g

10 Minuten

Zutaten:

2 Scheiben Pumpernickel oder Vollkornbrot
1 Rote Bete (vorgekocht, vakuumverpackt)
40 g Magerquark oder Hüttenkäse (unter 3 %)
Salz & Pfeffer nach Geschmack
30 g Kresse oder Schnittlauch

Zubereitung:

1. Den Quark mit Salz und Pfeffer anrühren und auf dem Brot verstreichen. Die Bete in dünne Scheiben schneiden und auf dem Quark verteilen. Mit Kresse oder Schnittlauch bestreuen

Rapunzel

Energie 260 kcal, Kohlenhydrate 12 g, Eiweiß 18 g, Fett 18 g

10 Minuten

Zutaten:

2 Scheiben Wolkenbrot oder Low Carb Brot
80 g Magerquark (unter 3 %)oder Hüttenkäse (0,8% Fett)
6 Radieschen (in feinen Scheiben)
2 Teelöffel Schnittlauch (fein gehackt)
Salz & Pfeffer nach Geschmack

Zubereitung:

1. Den Quark mit Salz, Pfeffer und Schnittlauch verrühren und auf dem Brot verstreichen. Mit Radieschen belegen.

Curry Hähnchen

Energie 200 kcal, Kohlenhydrate 6 g, Eiweiß 28 g, Fett 12 g

10 Minuten

Zutaten:
80 g Magerquark
1 Teelöffel Currypulver
Salz & Pfeffer
30 g frische Früchte (Papaya, Mandarinen)
30 g geräucherte Hähnchenbrust
30 g Salatherzen, Eisbergsalat oder Kresse

Zubereitung:
1. Den Quark mit dem Currypulver, Salz und Pfeffer verrühren. Die Hähnchenbrust in Stücke schneiden und mit Früchten und Salat in den Quark geben.

Liquid Fitness Frühstück

Haferflocken Bananen Erdbeer Smoothie

Energie 220 kcal, Kohlenhydrate 11 g, Eiweiß 9 g, Fett 12 g

5 Minuten

Zutaten:

2 Bananen
150 g Erdbeeren
150 g Naturjoghurt (fettarm unter 3 %)
50 ml Wasser
50 g Cashewnüsse

Zubereitung:

1. Bananen schälen und grob schneiden. Erdbeeren waschen und halbieren.

2. Mit den restlichen Zutaten und einem Pürierstab oder einer Küchenmaschine fein pürieren.

Müsli im Glas

Energie kcal 220, Kohlenhydrate 5 g, Eiweiß 9 g, Fett 5 g

5 Minuten

Zutaten:
200-300 g saisonale Früchte (Äpfel, Erdbeeren)
500 ml Wasser oder Pflanzenmilch (Soja-, Mandel, Kokosmilch)
2-3 Datteln (entkernt)
30 g Nüsse (gehackt)
1 Prise Zimt (optional)

Zubereitung:
1. Früchte grob schneiden. Mit den restlichen Zutaten und einem Pürierstab oder einer Küchenmaschine fein pürieren. Nüsse oben drauf streuen oder mit pürieren.

Grüner Immunboost

Energie 200 kcal, Kohlenhydrate 13 g, Eiweiß 4 g, Fett 0.5 g

5 Minuten

Zutaten:
30 g Spinat
30 g frische Minze
5 g Ingwer oder Kurkuma Wurzel (geschält)
1 Banane
½ Avocado
200 ml Wasser
1 Apfel (entkernt)1 große Handvoll Spinat

Zubereitung:
1. Früchte grob schneiden. Mit den restlichen Zutaten und einem Pürierstab oder einer Küchenmaschine fein pürieren.

Kokos Bananen

Energie 210 kcal, Kohlenhydrate 9 g, Eiweiß 6 g, Fett 20 g

5 Minuten

Zutaten:

1 Banane
½ Avocado
30 g Spinat
200 g Kokosjoghurt
100 ml Wasser
20 g Chiasamen oder Leinsamen (geschält)

Zubereitung:

1. Alle Zutaten mit einem Pürierstab oder einer Küchenmaschine fein pürieren.

Mango Lassi

Energie 180 kcal, Kohlenhydrate 5 g, Eiweiß 10 g, Fett 5 g

5 Minuten

Zutaten:
200 g reife Mango
150 ml Kefir oder fettarmer Joghurt
5 g Kurkuma Wurzel (geschält)
1 Teelöffel Erythrit oder Stevia/Xylit
100 ml Wasser

Zubereitung:
1. Alle Zutaten mit einem Pürierstab oder einer Küchenmaschine fein pürieren.

Icy Berry

Energie 198 kcal, Kohlenhydrate 18 g, Eiweiß 10 g, Fett 8 g

5 Minuten

Zutaten:
1 Banane
80 g gemischte Beeren (tiefgefroren)
1 Esslöffel Leinsamen (geschält)
150 g fettarmer Joghurt
5 g Ingwer (geschält)
200 ml Pflanzenmilch oder Wasser

Zubereitung:
1. Alle Zutaten mit einem Pürierstab oder einer Küchenmaschine fein pürieren.

Energy Bowls

Chia Pudding

Energie 190 kcal, Kohlenhydrate 12 g, Eiweiß 5 g, Fett 9 g

über Nacht, 5 Minuten

Zutaten:
2 Esslöffel Chiasamen (über Nacht in Pflanzenmilch eingeweicht)
250 ml Pflanzenmilch
2 Teelöffel Erythrit oder Stevia/Xylit
300 g frische Früchte oder Beeren (tiefgekühlt)
4 Esslöffel fettarmer Joghurt oder Kokosjoghurt
1 Esslöffel Nüsse

Zubereitung:
1. Die Chiasamen mit dem Erythrit oder Stevia/Xylit und der Milch in einer Schale im Kühlschrank über Nacht quellen lassen.

2. Die Früchte auf dem Chia Pudding verteilen. Den Joghurt oben drauf geben und mit Nüssen bestreuen.

Chia-Müsli

Energie 220 kcal, Kohlenhydrate 31 g, Eiweiß 5 g, Fett 9 g

über Nacht, 5 Minuten

Zutaten:
2 Esslöffel Chiasamen (über Nacht in Pflanzenmilch eingeweicht)
250 ml Pflanzenmilch
2 Teelöffel Erythrit oder Stevia/Xylit
300 g frische Früchte oder Beeren (tiefgekühlt)
4 Esslöffel fettarmer Joghurt oder Kokosjoghurt
2 Esslöffel gemahlene Nüsse

Zubereitung:
1. Die Chiasamen mit dem Erythrit oder Stevia/Xylit und der Milch in einer Schale im Kühlschrank über Nacht quellen lassen.

2. Die Früchte auf dem Chia Pudding verteilen. Den Joghurt oben drauf geben und mit Haferflocken oder Müsli bestreuen.

Rohkost

Energie 120 kcal, Kohlenhydrate 12 g, Eiweiß 8 g, Fett 6 g

10 Minuten

Zutaten:

½ Gurke
100 g Apfel
100 g Salat (Salatherzen, Frisee oder Rucola)
1 Teelöffel Sesamsamen oder Salatkörner
100 g fettarmer Joghurt Salz & Pfeffer nach Geschmack
1 Teelöffel Balsamico Creme

Zubereitung:

1. Die Gurke waschen, vierteln und Scheiben schneiden. Den Apfel entkernen und ebenfalls in vierteln und in Scheiben schneiden. Den Salat putzen und grob schneiden.

2. Den Joghurt mit Salz und Pfeffer würzen. Alles zusammen in einer Schale vermengen. Mit Sesam und Balsamico Creme anrichten.

Kokosnuss

Energie 220 kcal, Kohlenhydrate 9 g, Eiweiß 10 g, Fett 18 g

15 Minuten

Zutaten:

Für das Kokos Granola
110 g gemischte Nüsse
110 g getrocknete Kokosnuss (Raspeln oder Scheiben)
50 g Mandelblättchen
50 g Vollkorn Haferflocken oder Dinkelflocken
60 g getrocknete Früchte
½ Teelöffel Zimt
½ Teelöffel Ingwerpulver
30 g Kokosöl
2 Esslöffel Erythrit oder Stevia/Xylit
100 g fettarmer Joghurt oder Pflanzenmilch

Zubereitung:
1. Alle Zutaten in eine beschichtete Pfanne geben und bei niedriger Hitze für etwa 10-15 Minuten rösten. Abkühlen lassen und in einem luftdichten Behälter aufbewahren. Mit Pflanzenmilch oder Joghurt genießen.

Beeren-Zauber

Energie 240 kcal, Kohlenhydrate 9 g, Eiweiß 15 g, Fett 21 g

5 Minuten

Zutaten:

50 g Granola (siehe Rezept Kokosnuss oder fertig gekauft aber Low Carb)
100 g frische Beeren (Erdbeeren, Himbeeren, Blaubeeren)
150 g Kokosjoghurt
1 Teelöffel Erythrit oder Stevia/Xylit

Zubereitung:

1. Den Joghurt mit dem Erythrit oder Stevia/Xylit verrühren. Beeren oben drauf geben und mit Granola bestreuen.

Sonntagsfrühstück

Englisch delight

Energie 380 kcal, Kohlenhydrate 62 g, Eiweiß 41 g, Fett 25 g

15 Minuten

Zutaten:

2 Scheiben Vollkorntoast oder Vollkornbrot
100 g weiße Bohnen (Dose)
50 g Champignons (in feine Scheiben)
50 g passierte Tomaten
1 Ei (optional)
50 g frische Früchte
50 g Kirschtomaten
50 g Salat
1 Teelöffel Balsamico Creme
1 Esslöffel Olivenöl
Salz & Pfeffer nach Geschmack

Zubereitung:

1. In einer beschichteten Pfanne die Champignons leicht anrösten, Bohnen, passierte Tomaten, Salz und Pfeffer hinzugeben und für 5 Minuten bei niedriger Hitze einköcheln lassen.

2. Das Brot toasten. Ei für 6-8 Minuten in Wasser kochen, pellen und in Scheiben auf das Toast legen.

3. Früchte waschen und in einer Schale anrichten. Den Salat ebenfalls Waschen und in einer Schale mit der Balsamico Creme, dem Olivenöl, Salz und Pfeffer anmachen.

Omelette Low Carb

Energie 280 kcal, Kohlenhydrate 10 g, Eiweiß 22 g, Fett 15 g

15 Minuten

Zutaten:

2 Eier
100 ml Mineralwasser mit Kohlensäure
50 g gewürfelte Tomaten (Dose)
50 g Paprika (in Streifen)
1 Frühlingszwiebel (in Scheiben)
50 g fettarmer Weichkäse (16 % Fett) oder geräucherter Fisch
20 g frische Kräuter
Salz & Pfeffer nach Geschmack

Zubereitung:

1. Die Paprika zusammen mit der Frühlingszwiebel in einer beschichteten Pfanne ohne Öl leicht anbraten. Die Tomaten hinzugeben. Das Ei mit dem Wasser in einer Schüssel aufschlagen und mit Salz und Pfeffer würzen.

2. Das Ei in die Pfanne gießen und den Käse und die Kräuter gleichmäßig darauf verstreuen. Für etwa 3 Minuten bei niedriger Hitze braten bis das Ei gestockt ist. Mit einem Pfannenwender vorsichtig umdrehen und für 2 Minuten auf der anderen Seite braten.

Gebackene Eier

Energie 280 kcal, Kohlenhydrate 9 g, Eiweiß 22 g, Fett 21 g

15 Minuten

Zutaten:
2 Eier
100 g gewürfelte Tomaten (Dose)
50 g eingelegte Paprika (Glas)
50 g Spinat (TK, aufgetaut und abgetropft)
1 Lauchzwiebel
1 Teelöffel Kreuzkümmel
1 Teelöffel Paprikapulver
Salz & Pfeffer nach Geschmack
1 Esslöffel Koriander oder andere Kräuter

Zubereitung:
1. Die Tomaten, Lauchzwiebel, Paprika, Spinat mit den Gewürzen in einer beschichteten Pfanne verrühren und bei niedriger Hitze für 5 Minuten Köcheln lassen.

2. Die Eier in der Pfanne aufschlagen und mit einem Deckel bei niedriger Hitze köcheln bis das Ei gestockt ist.

Kräuterpfannkuchen (vegan)

Energie 330 kcal, Kohlenhydrate 15 g, Eiweiß 18 g, Fett 28 g

15 Minuten

Zutaten:

Für die Pfannkuchen
100 g Kürbispüree (Dose)
200 g Tofu
50 g Maismehl oder Kartoffelstärke
½ Teelöffel Backpulver
50-100 ml Mineralwasser mit Kohlensäure
Salz & Pfeffer nach Geschmack

Für den Kräuterquark
100 g veganer Joghurt (fettreduziert)
10 g frische Kräuter (fein gehackt)
1 Frühlingszwiebel (in Scheiben)
Salz & Pfeffer nach Geschmack

Zubereitung:
1. Mit dem Pürierstab oder einer Küchenmaschine alle Zutaten für die Pfannkuchen zu einem glatten Teig vermischen. In einer beschichteten Pfanne ohne Öl mit einer Schöpfkelle eine Portion der Pfannkuchenmischung geben und bei niedriger Hitze goldbraun braten.

2. Alle Zutaten für den Quark in einer Schüssel vermengen.

Nordlicht

Energie 370 kcal, Kohlenhydrate 18 g, Eiweiß 28 g, Fett 12 g

10 Minuten

Zutaten:
100 g Nordseekrabben
2 Eier oder 100 g fester Tofu
1 Teelöffel Currypulver (optional)
60 g Kirschtomaten
1 Frühlingszwiebel
Salz & Pfeffer nach Geschmack
1 Salatherz
2 Esslöffel fettarmer Joghurt
1 Teelöffel Senf
2 Scheiben Pumpernickel oder Low Carb Brot

Zubereitung:
1. In einer Schüssel die Eier oder den fein geriebenen Tofu mit dem Currypulver, Salz und Pfeffer verquirlen. In einer beschichteten Pfanne das Rührei/ Tofu leicht anbraten.

2. Den Joghurt mit Senf, Salz und Pfeffer würzen und über den Salat geben. Die Krabben dazu servieren.

Kräuterpilze

Energie 360 kcal, Kohlenhydrate 6 g, Eiweiß 28 g, Fett 12 g

20 Minuten

Zutaten:
100 g gemischte Pilze (TK, aufgetaut und abgetropft)
2 Eier oder 100 g fester Tofu
60 g Kirschtomaten
1 Frühlingszwiebel
Salz & Pfeffer nach Geschmack
1 Salatherz
2 Esslöffel fettarmer Joghurt
1 Teelöffel Senf
2 Scheiben Pumpernickel oder Vollkornbrot

Zubereitung:
1. In einer Schüssel die Eier oder den fein geriebenen Tofu mit Salz und Pfeffer verquirlen. In einer beschichteten Pfanne die Pilze und die Frühlingszwiebel anbraten. Das Rührei/ Tofu hinzugeben und ebenfalls anbraten.

2. Den Joghurt mit Senf, Salz und Pfeffer würzen und über den Salat geben.

Leichter Mozzarella

Energie 280 kcal, Kohlenhydrate 2 g, Eiweiß 14 g, Fett 6 g

10 Minuten

Zutaten:

½ fettarmer Mozzarella (8,5 %)
½ Avocado
100 g Rucola
Granatapfelkerne oder Erdbeeren
Kirschtomaten

Für das Dressing

1 Teelöffel Senf
1 Esslöffel Olivenöl
1 Teelöffel Zitronensaft oder Essig
Salz & Pfeffer nach Geschmack

Zubereitung:

1. Die Avocado entkernen und mit einer Gabel leicht zerdrücken. Den Salat waschen und neben der Avocado auf einem Teller anrichten.

2. Alle Zutaten für das Dressing in einer Schale vermengen und über den Salat gießen

Forelle mit Salat

Energie 250 kcal, Kohlenhydrate 2 g, Eiweiß 30 g, Fett 7 g

15 Minuten

Zutaten:
100 g geräucherte Forelle
100 g Salat
5 g Kapern
½ Gurke
1 Esslöffel Dill (fein gehackt, optional)

Für das Dressing
1 Teelöffel Meerrettich
1 Esslöffel fettarmer Joghurt
1 Teelöffel Zitronensaft oder Essig
Salz & Pfeffer nach Geschmack

Zubereitung:
1. Den Salat waschen und auf einem Teller anrichten. Die Gurke schälen, halbieren und in feine Scheiben schneiden.

2. Alle Zutaten für das Dressing in einer Schale vermengen und über den Salat gießen. Die Forelle auf dem Salat anrichten.

Laxer Lachs

Energie 290 kcal, Kohlenhydrate 2 g, Eiweiß 30 g, Fett 14 g

15 Minuten

Zutaten:
100 g grüner Spargel
1 Ei
50 g geräucherter Lachs
100 g Salat
50 g Kirschtomaten

Für das Dressing
1 Teelöffel Senf
1 Esslöffel Olivenöl
1 Teelöffel gemischte Kräuter (TK)
1 Teelöffel Erythrit oder Stevia/Xylit
1 Teelöffel Zitronensaft oder Essig
Salz & Pfeffer nach Geschmack

Zubereitung:
1. Das Ei mit dem Spargel in Salzwasser für 6-8 Minuten kochen und pellen.

2. Alle Zutaten für das Dressing in einer Schale vermengen und über den Salat gießen. Den Lachs und Spargel auf dem Salat anrichten. Kirschtomaten halbieren und ebenfalls auf den Salat geben.

Pistazien-Apfel Küchlein
(vegan)

Energie 320 kcal, Kohlenhydrate 22 g, Eiweiß 18 g, Fett 28 g

20 Minuten

Zutaten:

60 g Apfel (fein geraspelt)
1 Banane (zerdrückt)
½ Avocado (zerdrückt)
2 Teelöffel Erythrit oder Stevia/Xylit
70 g Dinkelvollkornmehl
30 g gemahlene Pistazien (ungesalzen)
100 ml Pflanzenmilch
1 Teelöffel Backpulver
Kokosöl oder neutrales Öl zum Anbraten

Zubereitung:

1. Alle Zutaten mit dem Pürierstab oder einer Küchenmaschine zu einem glatten, aber zähem Teig verarbeiten.

2. In einer beschichten Pfanne mit dem Kokosöl zu kleinen Küchlein braten.

Frühstück am Meer

Energie 550 kcal, Kohlenhydrate 45 g, Eiweiß 18 g, Fett 22 g

10 Minuten

Zutaten:
10 g Oliven im eigenen Saft
100 g Kirschtomaten (halbiert)
100 g Gurke (in Scheiben)
1 Frühlingszwiebel (in Scheiben)
1 Esslöffel Olivenöl
1 Teelöffel Zitronensaft oder Essig
Salz & Pfeffer nach Geschmack
50 g Ajvar (Paprikapaste)
20 g fettarmer Feta (9%)
2 Scheiben Vollkornbrot

Zubereitung:
1. Oliven, Tomaten, Gurke und Frühlingszwiebel mit Zitronensaft und Öl anmachen und Salz und Pfeffer hinzugeben. Alle Zutaten auf einer Platte anrichten.

Thunfisch-Kichererbsen Bagel

Energie 180 kcal, Kohlenhydrate 12 g, Eiweiß 8 g, Fett 11 g

10 Minuten

Zutaten:
2 Vollkorn Bagel oder Brot

Für die Paste
1 Dose Thunfisch
100 g Kichererbsen (Dose)
1 rote Zwiebel (fein gehackt)
Salz & Pfeffer nach Geschmack
1 Salatherz
1 Tomate (in Scheiben)
1 Esslöffel Kapern

Zubereitung:
1. Die Bagel toasten und halbieren. Kichererbsen mit dem Pürierstab zerkleinern und restliche Zutaten hinzufügen. Mit einer Gabel zu einer groben Paste verarbeiten.

2. Salat und Tomaten auf das Brot legen, Paste und Kapern oben drauf und zuklappen.

Scrambled Tofu (vegan)

Energie 200 kcal, Kohlenhydrate 5 g, Eiweiß 20 g, Fett 12 g

15 Minuten

Zutaten:
200 g fester Tofu
1 Zwiebel (fein gehackt)
2 Teelöffel Getreideflocken
100 ml Pflanzenmilch oder Joghurt
1 Esslöffel gemischte Kräuter (TK)
1 Esslöffel Öl
½ Teelöffel Kurkuma oder Currypulver
Salz & Pfeffer nach Geschmack

Zubereitung:
1. Den Tofu mit einer Gabel zerbröseln. Restliche Zutaten hinzugeben und in einer Pfanne mit Öl anbraten.

Brotbackstube

(Low Carb)

Walnussbrot Low Carb

Energie 163 kcal, Kohlenhydrate 3 g, Eiweiß 12 g, Fett 10 g

60 Minuten

Zutaten:

100 g Walnüsse (fein gehackt)
50 g Leinsamen (geschrotet)
50 g Weizen- oder Dinkelkleie
1 Teelöffel Backpulver
½ Teelöffel Salz
2 Eier
250 g Magerquark
50-100 ml Wasser

Zubereitung:

1. Den Ofen auf 200 Grad vorheizen und eine Kastenform mit Backpapier auslegen. Quark und Eier mit den Knethaken eines Handmixers glatt rühren. Die restlichen Zutaten unterheben und für 10 Minuten gehen lassen.

2. Im Ofen auf der untersten Schiene für 30-40 Minuten backen. Sollte das Brot innen noch feucht sein, mit Alufolie abdecken und Temperatur auf 170 Grad reduzieren und weiter backen.

Karottenbrot

Energie 183 kcal, Kohlenhydrate 3 g, Eiweiß 8 g, Fett 14 g

60 Minuten

Zutaten:
200 g Karotten (fein geraspelt)
50 g gemahlene Nüsse
50 g Leinsamen (geschrotet)
50 g Weizen- oder Dinkelkleie
2 Teelöffel Backpulver
½ Teelöffel Salz
4 Eier
1 Esslöffel neutrales Öl
50-100 ml Wasser

Zubereitung:
1. Den Ofen auf 180 Grad vorheizen und eine Kastenform mit Backpapier auslegen. Alle Zutaten mit den Knethaken eines Handmixers glatt rühren und in die Form geben.

2. Im Ofen auf der untersten Schiene für 40 Minuten backen. Sollte das Brot innen noch feucht sein, mit Alufolie abdecken und Temperatur auf 160 Grad reduzieren und weiter backen.

Eiweißbrot

Energie 227 kcal, Kohlenhydrate 2 g, Eiweiß 10 g, Fett 18 g

50 Minuten

Zutaten:
300 g Leinsamen (geschrotete)
2 Teelöffel Backpulver
1 Teelöffel Salz
5 Eiweiß
120 ml kaltes Waser
2 Eier
6 Esslöffel Olivenöl

Zubereitung:
1. Den Ofen auf 180 Grad vorheizen und eine Kastenform mit Backpapier auslegen. Die trockenen Zutaten (Leinsamen, Backpulver, Salz) in einer Schüssel vermengen. Die Eiweiß für 8 Minuten mit einer Prise Salz cremig schlagen. Wasser dazugeben.

2. Die trockenen Zutaten vorsichtig unter das Eiweiß heben. Eier und Öl hinzugeben und zügig in die Form geben. Auf der untersten Schiene für 30 Minuten backen.

Knackiges Knäckebrot

Energie 34 kcal, Kohlenhydrate 12 g, Eiweiß 1 g, Fett 4 g

120 Minuten

Zutaten:
5 g Hefe
80 g Sauerteig
120 ml lauwarmes Wasser
80 g gemahlene Nüsse
60 g Kichererbsenmehl
50 g gemischte Salatkerne
20 ml neutrales Öl
Salz
1 Esslöffel Lein- oder Sesamsamen (plus extra zum Bestreuen)

Zubereitung:
1. Den Sauerteig, die Hefe und das Wasser in eine Schale geben und für 5 Minuten quellen lassen. Die restlichen Zutaten in einer Schüssel vermengen. Sauerteig hinzugeben und mit dem Knethaken zu einem glatten Teig verarbeiten und für 40 Minuten gehen lassen.

2. Den Ofen auf 180 Grad vorheizen und zwei Backbleche mit Backpapier auslegen. Den Teig zu etwa einem halben Zentimeter dicken Rechteck ausrollen und auf die Größe des Backbleches schneiden. Dann in 4 x 8 cm große Rechtecke schneiden. Mit Wasser bestreichen und mit Samen bestreuen. Für etwa 20 Minuten goldbraun backen (nach 10 Minuten das untere Blech mit dem oberen tauschen).

Vollkorn-Wolkenbrot
(Low Carb)

Energie 172 kcal, Kohlenhydrate 5 g, Eiweiß 4 g, Fett 1 g

180 Minuten

Zutaten:
250 ml lauwarmes Wasser
3 Eier
1 Esslöffel Öl
160 g Leinsamen (geschrotet)
30 g Kichererbsenmehl oder Kokosmehl
80 g gemischte Salatkerne.
30 g Flohsamenschalen.
2 Teelöffel Backpulver
½ Teelöffel Salz

Zubereitung:

1. Das Wasser, die Eier und das Öl in eine Schale geben und verquirlen. Die restlichen Zutaten hinzugeben und zu einem glatten Teig verarbeiten und für 10 Minuten gehen lassen.

2. Einen runden Bräter oder eine große Springform einfetten und mit Mehl bestäuben. Den Teig aus der Schüssel nehmen, zu einer Kugel formen, in den Bräter legen. Den Ofen auf 250 Grad vorheizen. Im Bräter mit Deckel für 10 Minuten bei 250 Grad backen, dann Temperatur auf 180 Grad reduzieren und für weitere 30 Minuten backen. Das Brot sollte hohl klingen, wenn man drauf klopft.

Blitzschnelle Kürbis Brötchen
(glutenfrei, Low Carb)

Energie 120 kcal, Kohlenhydrate 9 g, Eiweiß 11 g, Fett 4 g

50 Minuten

Zutaten:
250 g Kürbis (gekocht und püriert oder aus der Dose)
80 g Kokosmehl
20 g Maismehl
30 g Leinsamen (geschrotete)
1 Teelöffel Salz
2 Teelöffel Backpulver
2 Eiweiß
150 ml warmes Wasser
1 Esslöffel Kürbiskernöl oder neutrales Öl
1 Esslöffel Kürbiskerne (optional)

Zubereitung:
1. In einer Schüssel alle trockenen Zutaten (Kokosmehl, Maismehl, Leinsamen, Salz, Backpulver) gut vermengen. In einer weiteren Schüssel die restlichen Zutaten mit dem Knethaken vermischen.

2. Den Ofen auf 200 Grad vorheizen und ein Backblech mit Backpapier auslegen. Die trockenen Zutaten nach und nach mit dem Knethaken unter die Kürbismischung geben. Zu kleinen Kugeln formen (etwa 80 g), mit Wasser oder Öl bestreichen und Kürbiskernen bestreuen (diese können auch direkt in den Teig verarbeitet werden). Im Ofen für etwa 25-35 Minuten goldbraun backen.

Körnerbrötchen
(glutenfrei, Low Carb)

Energie 138 kcal, Kohlenhydrate 5 g, Eiweiß 11 g, Fett 8 g

50 Minuten

Zutaten:
150 g gemischte Salatkörner (extra zum Bestreuen)
100 g geschrotete Leinsamen
50 g Dinkelmehl
1 Teelöffel Salz
2 Teelöffel Backpulver
250 g Magerquark
1 Esslöffel neutrales Öl
3 Eier

Zubereitung:
1. In einer Schüssel alle trockenen Zutaten (Dinkelmehl, Leinsamen, Salz, Backpulver gut vermengen. In einer weiteren Schüssel die restlichen Zutaten mit dem Knethaken vermischen.

2. Den Ofen auf 200 Grad vorheizen und ein Backblech mit Backpapier auslegen. Die trockenen Zutaten nach und nach mit dem Knethaken unter die Quarkmischung geben. Zu kleinen Kugeln formen, mit Wasser bestreichen und Kürbiskernen bestreuen (diese können auch direkt in den Teig verarbeitet werden). Im Ofen für etwa 30-40 Minuten goldbraun backen.

Mahlzeit

Gemüse Muffins
(vegan, glutenfrei)

Energie 160 kcal, Kohlenhydrate 16 g, Eiweiß 4 g, Fett 5 g

40 Minuten

Zutaten:

½ Zucchini
1 Karotte
½ Paprika
60 g Dinkelvollkornmehl
130 g Dinkel Haferflocken oder Kochdinkel
100 ml Pflanzenmilch
1 Teelöffel Backpulver
Salz & Pfeffer nach Geschmack
½ Teelöffel Paprikapulver
20 ml neutrales Öl

Zubereitung:

1. Die Zucchini sowie die Möhre fein raspeln. Die Paprika entkernen und in kleine Stücke schneiden. In einer Schüssel das Vollkornmehl, die Haferflocken, Backpulver und die Gewürze vermengen.

2. Backofen auf 180 Grad vorheizen und eine Muffinform mit Öl bestreichen oder Backpapier/Muffinförmchen auslegen. Das Gemüse, Milch und Öl zum Mehl geben und mit den Knethaken kurz glatt rühren. Im Ofen für etwa 20 Minuten backen.

Leichte Quiche

Energie 280 kcal, Kohlenhydrate 20 g, Eiweiß 12 g, Fett 18 g

120 Minuten

Zutaten:

Für den Teig
90 g Dinkelmehl
90 g Kichererbsenmehl
1 Ei
100 g Margarine
125 g Magerquark
½ Teelöffel Salz

Für die Füllung
3 Eier
100 g Blattspinat (TK, aufgetaut und abgetropft)
100 g Kirschtomaten (halbiert)
100 g Champignons oder anderes Gemüse (in Scheiben)
2 Frühlingszwiebeln (in Scheiben)
1 Knoblauchzehe (fein gehackt)
1 TL Öl
375 g fettarmer Joghurt
Salz & Pfeffer nach Geschmack

Zubereitung:

1 .Für den Teig alle Zutaten mit dem Knethaken glatt rühren. Auf Frischhaltefolie auslegen und zu einer flachen Scheibe formen. Im Kühlschrank für mindestens 30 Minuten kühlen lassen. Der Teig lässt sich auch fantastisch am Vortag zubereiten und kann dann über Nacht im Kühlschrank geruht werden.

2. Den Ofen auf 200 Grad vorheizen und eine Tarteform oder Springform mit Backpapier auslegen. Den Teig in die Form legen und mit den Fingern andrücken, nochmals für 20 Minuten in den Kühlschrank stellen.

3. In einer Schüssel den Joghurt, Eier, Knoblauch, Salz und Pfeffer mit dem Handmixer glatt rühren. Das Gemüse in die Backform legen und mit der Füllung übergießen. Im Ofen für 30-40 Minuten goldbraun backen.

Gebackene Reibekuchen

Energie 180 kcal, Kohlenhydrate 11 g, Eiweiß 18 g, Fett 8 g

40 Minuten

Zutaten:
200 g Zucchini (fein geraspelt)
50 g Karotte (fein geraspelt)
50 g Kartoffeln (fein geraspelt
1 Ei
50 g Dinkelvollkornmehl
20 g Maismehl

Zubereitung:
1. Den Backofen auf 180 Grad vorheizen und ein Backblech mit Backpapier auslegen. Alle Zutaten in einer Schüssel vermengen und zu runden Talern formen.

2. Im Ofen für 20 Minuten goldbraun backen. Die Reibekuchen eignen sich auch super zum Einfrieren und können dann im Ofen wieder knusprig gebacken werden.

Black Tortilla

Energie 290 kcal, Kohlenhydrate 25 g, Eiweiß 14 g, Fett 6 g

15 Minuten

Zutaten:
150 g Kürbis (gekocht, geschält und gewürfelt)
50 g Rotkohl oder Weißkohl (geraspelt)
1 rote Zwiebel (fein gehackt)
1 Tomate (in kleinen Stücken)
1 kleine Dose Mais oder Bohnen (80 g)
Sriracha Sauce
100 g fettarmer Joghurt oder Frischkäse
Salz & Pfeffer nach Geschmack
4 kleine Tortilla (normale gehen auch, aber darauf achten, dass es Bohnen-oder Maismehl Tortilla sind)

Zubereitung:
1. Das Gemüse in einer Schale vermischen. Den Frischkäse würzen und auf den Tortillas verstreichen. Das Gemüse oben drauf legen und mit Sriracha Soße beträufeln.

Hähnchen Wrap

Energie 310 kcal, Kohlenhydrate 26 g, Eiweiß 22 g, Fett 12 g

15 Minuten

Zutaten:
50 g geräucherte Hähnchenbrust (hauchdünn geschnitten)
50 g Rotkohl oder Weißkohl (geraspelt)
1 rote Zwiebel (fein gehackt)
1 Tomate (in kleinen Stücken)
1 kleine Dose Mais oder Bohnen (80 g)
Sriracha Sauce
100 g fettarmer Joghurt oder Frischkäse
Salz & Pfeffer nach Geschmack
4 kleine Tortilla oder Tacos (darauf achten, dass es Bohnen- oder Maismehl Tortilla sind)

Zubereitung:
1. Das Gemüse in einer Schale vermischen. Den Frischkäse würzen und auf den Tortillas verstreichen. Das Gemüse und die Hähnchenbrust oben drauf legen und mit Sriracha Soße beträufeln.

No Carb Wraps

Energie 310 kcal, Kohlenhydrate 6 g, Eiweiß 30 g, Fett 21 g

15 Minuten

Zutaten:
4 große Salatblätter
150 g Hackfleisch (mageres Rind)
50 g gehackte Erdnüsse
1 kleine rote Zwiebel (fein gehackt)
1 Teelöffel Paprikapulver oder Cajunpulver
1 Esslöffel Tomatenmark
100 g fettarmer Joghurt
1 Frühlingszwiebel oder Schnittlauch (in feinen Scheiben.

Zubereitung:
1. Das Hackfleisch in einer beschichteten Pfanne mit der Zwiebel, den Erdnüssen und dem Tomatenmark anbraten. Mit Paprika, Salz und Pfeffer würzen.

2. Den Joghurt mit dem Schnittlauch, Salz und Pfeffer anmachen. Das Hackfleisch in die Salatblätter füllen und mit Joghurt beträufeln.

Eine Schale zum Glück

Energie 390 kcal, Kohlenhydrate 10 g, Eiweiß 15 g, Fett 25 g

20 Minuten

Zutaten:
50 g Bulgur
2 Eier
½ Avocado
50 g eingelegte Paprika (Glas)
150 gekochter Kürbis
½ Zitrone
100 g Salat oder Blattspinat
2 Esslöffel Olivenöl
Salz & Pfeffer nach
Geschmack.
2 Esslöffel fettarmer Joghurt
½ Knoblauchzehe (fein gehackt)

Zubereitung:
1. Den Bulgur nach Packungsangabe kochen. Die Eier mit einem Schuss Wasser in einer beschichteten Pfanne ohne Öl zu einem Rührei anbraten. Die Avocado mit der Gabel zerdrücken, mit Salz, Pfeffer und einem Spritzer Zitronensaft würzen.

2. Den Salat putzen und auf einem Teller anrichten. Den Kürbis in Würfel schneiden und ebenfalls auf den Teller legen. Den Joghurt mit dem Öl, Knoblauch, Salz und Pfeffer anmachen und in eine Dipschale geben. Die Paprika ebenfalls auf dem Teller anrichten.

Sommer-Sonnenröllchen

Energie 265 kcal, Kohlenhydrate 17 g, Eiweiß 17 g, Fett 5 g

15 Minuten

Zutaten:
6 Reispapierblätter

Für die Füllung
100 g gekochte Garnelen
1 Salatherz (in Streifen)
½ Gurke (in dünne Scheiben)
1 Frühlingszwiebel (in dünne Scheiben)
1 Bund Minze (fein gehackt)

Dip
1 Esslöffel Sesam
2 Esslöffel Sojasoße
1 Teelöffel Chiliflocken (optional)

Zubereitung:
1. Die Reispapierblätter kurz in einem tiefen Teller mit Wasser tunken, bis sie weich werden und auf ein Schneidebrett legen.

2. Für die Füllung alle Zutaten in einer Schale vermengen. Die Füllung mittig auf das Reisblatt legen. Die beiden Seiten einschlagen und dann aufrollen. Mit dem Dip servieren.

Pesto Zoodles

Energie 250 kcal, Kohlenhydrate 9 g, Eiweiß 10 g, Fett 19 g

15 Minuten

Zutaten:
2 Zucchini
100 g Kirschtomaten (halbiert)

Für das Pesto
1 Avocado
120 g Spinat (Tk, aufgetaut, abgetropft)
3 Esslöffel Pinienkerne
1 Knoblauchzehe
½ Zitrone
3 Esslöffel Olivenöl
Salz & Pfeffer nach Geschmack

Zubereitung:
1. Die Pinienkerne in einer Pfanne leicht goldbraun rösten und abkühlen lassen. Zusammen mit allen anderen Zutaten für das Pesto mit einem Pürierstab zerkleinern.

2. Mit einem Spiralschneider (geht auch mit dem Messer, ist aber mühselig) die Zucchini in die Form von Spaghetti schneiden. Sie können roh mit dem Pesto als Salat gegessen werden oder im Salzwasser für 4 Minuten leicht gekocht werden.

3. Die Zoodles mit dem Pesto mischen und die Tomaten darauf geben.

Gemüse Buletten
(vegan, glutenfrei)

Energie 380 kcal, Kohlenhydrate 17 g, Eiweiß 16 g, Fett 22 g

20 Minuten

Zutaten:
250 g Kartoffeln
250 g gekochter Kürbis
1 Zucchini
4 Esslöffel Kichererbsenmehl oder Maisstärke
1 Frühlingszwiebel (in Scheiben)
Salz & Pfeffer nach Geschmack
3 Esslöffel neutrales Öl (zum Braten)

Für den Kräuterquark
150 g veganer Frischkäse
1 Bund Schnittlauch (in feinen Scheiben)
Salz & Pfeffer nach Geschmack

Zubereitung:
1. Die Kartoffeln und den Kürbis mit Schale weich kochen. Schälen und mit einer Gabel oder Stampfer grob zerdrücken. Die Zucchini raspeln und mit den restlichen Zutaten zu den Kartoffeln geben.

2. In einer beschichteten Pfanne das Öl bei mittlerer Hitze erwärmen. Aus der Kartoffelmasse Kugeln formen und diese platt drücken. Die Buletten in der Pfanne goldbraun braten. Alle Zutaten für den Quark vermengen und mit den Buletten servieren.

Kürbis-Spaghetti

Energie 250 kcal, Kohlenhydrate 9 g, Eiweiß 10 g, Fett 19 g

20 Minuten

Zutaten:
400 g Kürbis (roh, geschält)
100 g grüner Spargel

Für das Kürbispesto
1 Knoblauchzehe
2 Esslöffel Olivenöl oder Kürbiskernöl
3 Esslöffel Kürbiskerne
½ Zitrone
1 Bund Petersilie
Salz & Pfeffer nach Geschmack

Zubereitung:
1. Die Kürbiskerne in einer Pfanne leicht goldbraun rösten und abkühlen lassen. Zusammen mit allen anderen Zutaten für das Pesto und einem Pürierstab zerkleinern.

2. Mit einem Spiralschneider (geht auch mit dem Messer, ist aber mühselig) den Kürbis und den Spargel in die Form von Spaghetti schneiden. In Salzwasser für etwa 3-5 Minuten blanchieren. Mit dem Pesto mischen.

Curry-Karotten Bratlinge

Energie 360 kcal, Kohlenhydrate 17 g, Eiweiß 16 g, Fett 22 g

20 Minuten

Zutaten:
300 Karotten (fein geraspelt)
1 Zucchini (fein geraspelt)
1 Frühlingszwiebel (in Scheiben)
1 Ei
3 Esslöffel Kichererbsenmehl
1 Frühlingszwiebel (in Scheiben)
Salz & Pfeffer nach Geschmack
1 Teelöffel Currypulver
3 Esslöffel neutrales Öl (zum Braten)

Für den Kräuterquark
150 g veganer Frischkäse
1 Bund Schnittlauch (in feinen Scheiben)
Salz & Pfeffer nach Geschmack

Zubereitung:
1. In einer beschichteten Pfanne das Öl bei mittlerer Hitze erwärmen. Alle Zutaten in einer Schüssel vermengen.

2. Aus der Karottenmasse Kugeln formen und diese platt drücken. Die Bratlinge in der Pfanne goldbraun braten. Alle Zutaten für den Quark vermengen und mit den Bratlingen servieren.

Pinke Bratlinge

Energie 370 kcal, Kohlenhydrate 17 g, Eiweiß 18 g, Fett 18 g

20 Minuten

Zutaten:
300 g Rote Bete (vorgekocht, vakuumverpackt)
2 Esslöffel körniger Hüttenkäse (0,8% Fett)
1 Frühlingszwiebel (in Scheiben)
1 Ei
3 Esslöffel Kokosmehl
1 Frühlingszwiebel (in Scheiben)
Salz & Pfeffer nach Geschmack
1 Teelöffel Majoran oder Kräuter (optional)
3 Esslöffel neutrales Öl (zum Braten)

Für den Kräuterquark
150 g veganer Frischkäse
1 Bund Schnittlauch (in feinen Scheiben)
Salz & Pfeffer nach Geschmack

Zubereitung:
1. In einer beschichteten Pfanne das Öl bei mittlerer Hitze erwärmen. Alle Zutaten in einer Schüssel vermengen.

2. Aus der Rote Betemasse Kugeln formen und diese platt drücken. Die Bratlinge in der Pfanne goldbraun braten. Alle Zutaten für den Quark vermengen und mit den Bratlingen servieren.

Knuspriger Tomatensalat

Energie 167 kcal, Kohlenhydrate 12 g, Eiweiß 9 g, Fett 8 g

10 Minuten

Zutaten:
2 Teelöffel Zitronensaft
2 Esslöffel Olivenöl
Salz & Pfeffer nach Geschmack
400 g Tomaten (in Scheiben)
2 Esslöffel Basilikum (gehackt)
1 kleine rote Zwiebel (fein gehackt)
2 Esslöffel gemischte Salatkerne
2 Esslöffel Hüttenkäse (0,8% Fett)
1 Scheibe altes Vollkornbrot oder Pumpernickel

Zubereitung:
1. Die Salatkerne, den Hüttenkäse und das Brot (in kleinen Stücken) in einer beschichteten Pfanne ohne Öl leicht anrösten.

2. Die Tomaten, Zwiebel und Basilikum in einer Schale mit dem Zitronensaft, Öl, Salz und Pfeffer mischen. Den Hüttenkäse-Crumble auf die Tomaten geben.

Avo-Salat mit Bulgur

Energie 390 kcal, Kohlenhydrate 22 g, Eiweiß 12 g, Fett 20 g

40 Minuten

Zutaten:

60 g Bulgur
Salz
½ Dose Kichererbsen (200 g)
1 kleine rote Zwiebel (fein gehackt)
½ Avocado (in Scheiben)
100 g Kirschtomaten (halbiert)
50 g Granatapfelkerne (optional)
1 Salatherz

Für das Dressing

1 Bund Schnittlauch (fein gehackt)
100 g fettarmer Joghurt
Salz & Pfeffer nach Geschmack

Zubereitung:

1. Bulgur im Salzwasser zugedeckt aufkochen und bei mildester Hitze 15 Minuten gar ziehen lassen. Die Kichererbsen abspülen und unter den Bulgur mischen, abkühlen lassen.

2. Die restlichen Zutaten auf einem Teller mit dem Bulgur anrichten. Alle Zutaten für das Dressing vermengen und über den Salat geben.

Süßsaurer Krautsalat

Energie 302 kcal, Kohlenhydrate 28 g, Eiweiß 7 g, Fett 17 g

15 Minuten

Zutaten:

500 g frischer Sauerkraut
200 g Ananas (Dose oder frisch)
1 Apfel (geraspelt)
1 Esslöffel Zitronensaft
20 g Rosinen oder getrocknete Früchte
50 g fettarmer Joghurt
50 g Salatkerne oder Walnüsse
2 Scheiben geräucherte Hähnchenbrust
(hauchdünn geschnitten)

Zubereitung:

1. Alle Zutaten in einer Schüssel gut vermischen. Hähnchen und Salatkerne oben drauf servieren.

Warmer Pfifferlingssalat

Energie 268 kcal, Kohlenhydrate 2 g, Eiweiß 6 g, Fett 25 g

15 Minuten

Zutaten:

200 g Pfifferlinge oder andere Pilze
1 kleine rote Zwiebel
1 Knoblauchzehe (fein gehackt)
2 Esslöffel Petersilie (fein gehackt)
Salz & Pfeffer nach Geschmack
2 Salatherzen, Feldsalat oder Eisbergsalat
20 g Ziegenfrischkäse

Zubereitung:

1. Die Pilze mit dem Knoblauch, der Zwiebel und der Petersilie ohne Öl in einer beschichteten Pfanne anrösten. Den Salat in einer Schüssel anrichten. Die Pilze und den Ziegenkäse darauf servieren.

Leichter Caesar

Energie: 309 kcal, Kohlenhydrate: 6 g, Eiweiß: 10 g, Fett: 26 g

25 Minuten

Zutaten:

200 g Hühnerbrust (frisch oder geräucherte in Scheiben)
1 Esslöffel Olivenöl
2 Salatherzen oder Eisbergsalat
½ Gurke (in Scheiben)
150 g Kirschtomaten (halbiert)
2 Scheiben geröstetes Vollkornbrot oder Vollkorntoast

Für das Dressing

100 fettarmer Joghurt
1 Esslöffel Petersilie
½ Teelöffel Paprikapulver
2 Teelöffel Zitronensaft
1 Knoblauchzehe (fein gehackt)
1 Teelöffel Senf
1 Teelöffel Erythrit oder Stevia/Xylit
1 eingelegte Sardelle (optional)
¼ Teelöffel Worcestersauce
25 g Parmesan (fein geraspelt)
Salz & Pfeffer nach Geschmack

Zubereitung:

1. Wenn das Hähnchen frisch ist: in Streifen schneiden und in einer beschichteten Pfanne ohne Öl mit Salz und Pfeffer leicht anrösten. Alle Zutaten für das Dressing mit einem Pürierstab zerkleinern.

2. Die restlichen Zutaten für den Salat in einer Schüssel anrichten und das Hähnchen und Dressing darüber geben.

Apfel Sellerie

Energie 142 kcal, Kohlenhydrate 16 g, Eiweiß 3 g, Fett 6 g

15 Minuten

Zutaten:

300 g Knollensellerie
2 Äpfel
20 g Salatkerne oder Walnüsse
10 g Rosinen oder getrocknete Früchte
2 Esslöffel Zitronensaft
1 Teelöffel Erythrit oder Stevia/Xylit
50 g fettarmer Joghurt
Salz & Pfeffer nach Geschmack

Zubereitung:

1. Den Sellerie und die Äpfel in hauchdünne Scheiben schneiden (am besten geht das mit einem Hobel). Mit Joghurt, Zitronensaft, Erythrit oder Stevia/Xylit, Salz und Pfeffer anmachen, Nüsse und Rosinen hinzugeben.

Kürbis-Curry mit Quinoa

Energie 390 kcal, Kohlenhydrate 38 g, Eiweiß 13 g, Fett 19 g

30 Minuten

Zutaten:

250 g Kürbis
1 Zwiebel
1 Knoblauchzehe
20 g frischer Ingwer oder Ingwer-Paste
2 Tomaten
1 Esslöffel neutrales Öl
1 Esslöffel Koriander (fein gehackt)
Teelöffel Currypaste (gelb)
1 Ei (weich gekocht)
150 g Quinoa
1 Teelöffel Gemüsebrühe
50 g frische Salatblätter oder Spinat

Zubereitung:

1. Den Quinoa mit der Gemüsebrühe nach Packungsangabe kochen und abkühlen lassen.

2. Den Kürbis halb gar kochen. In einer Pfanne das Öl mit der Zwiebel, Ingwer, Knoblauch und der Currypaste leicht anrösten. Den Kürbis, Tomaten und den Koriander hinzugeben. Bei niedriger Hitze für etwa 5 Minuten köcheln lassen. Alle Zutaten auf einem Teller anrichten

Seelachs auf Tomaten-Sugo

Energie 380 kcal, Kohlenhydrate 9 g, Eiweiß 41 g, Fett 15 g

30 Minuten

Zutaten:

400 g Seelachsfilet (frisch oder TK)
1 Zwiebel
1 Knoblauchzehe
2 Esslöffel Olivenöl
1 Teelöffel Zucker
2 Teelöffel Tomatenmark
1 Dose Tomaten (gewürfelt)
Salz & Pfeffer nach Geschmack
½ Teelöffel Oregano
1 Bund Petersilie oder Dill

Zubereitung:

1. Den Fisch mit 1 Esslöffel Öl bestreichen, Salz und Pfeffer würzen und im Ofen (120 Grad für 15-20 Minuten) garen.

2. In einer beschichteten Pfanne die Zwiebel, Tomatenmark und den Knoblauch leicht anschwitzen. Tomaten und restliche Zutaten hinzugeben und für 10 Minuten bei niedriger Hitze einköcheln lassen. Den Fisch auf dem Tomaten-Sugo anrichten.

Heringssalat

Energie 360 kcal, Kohlenhydrate 9 g, Eiweiß 41 g, Fett 12 g

15 Minuten

Zutaten:
2 Rote Bete (vorgekocht, vakuumverpackt)
4 Heringe aus dem Glas
1 Zwiebel (fein gehackt)
1 Apfel (geraspelt)
200 g fettarmer Joghurt oder Magerquark
Salz & Pfeffer nach Geschmack
1 Scheibe Vollkornbrot oder Pumpernickel

Zubereitung:
1. Die Rote Bete und den Hering würfeln und mit den restlichen Zutaten in einer Schüssel vermengen und mit dem Brot servieren.

Asia-Garnelenspieße auf Rotkohl

Energie 322 kcal, Kohlenhydrate 22 g, Eiweiß 15 g, Fett 12 g

30 Minuten

Zutaten:

200 g Rotkohl (geraspelt)
100 Rucola
150 g Garnelen
1 Knoblauchzehe (fein gehackt)
1 Esslöffel Erdnussöl oder neutrales Öl
1 Esslöffel Teriyaki-Soße
1 Esslöffel Sesam

Zubereitung:

1. Die Garnelen aufspießen (geht auch ohne Spieß) und in einer Pfanne mit dem Knoblauch und dem Öl anbraten und auf dem Salat und Rotkohl anrichten. Mit Teriyaki-Soße beträufeln und Sesam bestreuen.

Lachs auf Kürbiscreme

Energie 390 kcal, Kohlenhydrate 32 g, Eiweiß 38 g, Fett 17 g

40 Minuten

Zutaten:

2 Fischfilets (je 180 g)
2 Esslöffel Olivenöl
150 g Zuckerschoten oder grüne Bohnen
1 Limette oder Zitrone
2 Frühlingszwiebeln

Für das Kürbispüree

300 g Kürbispüree (Dose)
100 ml Milch oder Pflanzenmilch
½ Teelöffel Muskatnusspulver
Salz & Pfeffer nach Geschmack

Zubereitung:

1. Ein Backblech mit Backpapier auslegen. Ofen auf 120 Grad vorheizen. Die Zitrone in Scheiben schneiden, auf das Backblech legen und den Fisch darauf legen. Olivenöl, Salz und Pfeffer auf den Fisch geben. Die Zwiebeln halbiere und auf das Backblech legen. Alles für etwa 20 Minuten backen.

2. Die Zuckerschoten in Salzwasser leicht blanchieren und mit kaltem Wasser abschrecken. Alle Zutaten für das Kürbispüree in einem Topf erwärmen, gut vermischen und auf dem Teller anrichten. Den Fisch, Gemüse und Frühlingszwiebeln auf das Püree legen und mit dem Saft vom Backblech beträufeln.

Roher Spargelsalat mit Erdbeeren

Energie 324 kcal, Kohlenhydrate 19 g, Eiweiß 8 g, Fett 21 g

20 Minuten

Zutaten:
300 g Spargel (grün oder weiß)
½ Bund Schnittlauch (fein gehackt)
100 g Erdbeeren (geviertelt)
½ Avocado (in Würfeln)
150 g Salatherzen oder Kopfsalat
50 g Rucola oder Basilikum
20 g Erdnüsse (geröstet und gesalzen)
Salz & Pfeffer nach Geschmack
1-2 Esslöffel Balsamico Creme

Zubereitung:
1. Den Spargel in hauchdünne Scheiben schneiden und auf dem Salat anrichten. Mit Salz und Pfeffer würzen. Die Erdbeeren, Erdnüsse und Avocado hinzugeben und mit Balsamico Creme beträufeln.

Tofu Steak

Energie 290 kcal, Kohlenhydrate 12 g, Eiweiß 14 g, Fett 12 g

40 Minuten

Zutaten:

100 g grüner Spargel
1 weich gekochtes Ei
100 g fester Tofu
½ Teelöffel Grillgewürz
2 Esslöffel Sesamöl oder neutrales Öl
1 Knoblauchzehe
1 Teelöffel Sojasoße
Salz & Pfeffer nach Geschmack
50 g Rucola

Zubereitung:

1. Den Spargel im Salzwasser blanchieren. Den Tofu mit der Sojasoße, Knoblauch den Gewürzen und dem Öl goldbraun braten, auf dem Salat anrichten und den Spargel und das Ei dazugeben.

Mildes Tofu-Curry

Energie 373 kcal, Kohlenhydrate 10 g, Eiweiß 17 g, Fett 29 g

20 Minuten

Zutaten:
80 g Tofu
150 g Brokkoli (TK, aufgetaut und abgetropft)
60 g Champignons (in Scheiben
1 Paprika (in Würfeln)
1 Esslöffel Erdnussöl
1 Esslöffel milde Currypaste (rot oder gelb)
1 Limette (Saft & Schale)
½ Bund Koriander (fein gehackt)
400 ml Kokosmilch
Salz & Pfeffer nach Geschmack

Zubereitung:
1. In einem Topf den Tofu, das Gemüse und die Currypaste leicht anschwitzen. Die Kokosmilch und die Limette hinzugeben. Mit Salz und Pfeffer abschmecken und für etwa 8 Minuten bei niedriger Hitze köcheln lassen.

Garnelen mit Reisnudeln

Energie 352 kcal, Kohlenhydrate 35 g, Eiweiß 26 g, Fett 13 g

20 Minuten

Zutaten:

150 g Garnelen (TK geschält)
1 Esslöffel Tom Yum Currypaste
1 Esslöffel Erdnussöl oder neutrales Öl
1 Knoblauchzehe (fein gehackt)
1 Limette (Saft & Schale)
80 g Reisbandnudeln, Shirataki oder Soba
20 g Erdnüsse (ungesalzen)
50 Sojasprossen (optional)
1 Esslöffel Schnittlauch (fein gehackt)
1 Bund Minze

Zubereitung:

1. Den Knoblauch mit der Currypaste, dem Öl und den Garnelen in einem Topf leicht anschwitzen. Mit 300 ml Wasser aufgießen und die Reisnudeln hinzugeben und gar ziehen lassen. Mit Sojasprossen, Minze, Erdnüssen und Schnittlauch garnieren.

Gesunde 5-Minuten Nudeln

Energie 210 kcal, Kohlenhydrate 24 g, Eiweiß 12 g, Fett 12 g

10 Minuten

Zutaten:

1 Paket Instant Soba (Buchweizennudeln) (100-120 g)
80 g Blattspinat oder Bok Choi (TK)
1 Ei
2 Teelöffel Sojasoße
1 Teelöffel Sriracha Soße

Zubereitung:

1. Die Nudeln nach Packungsangabe kochen. Das Wasser nicht abgießen. Den Spinat und den Rest der Zutaten hinzugeben und kurz köcheln lassen. Das Ei aufschlagen und bei niedriger Hitze stocken lassen.

Süss-Feuriges Hähnchen

Energie 490 kcal, Kohlenhydrate 20 g, Eiweiß 48 g, Fett 22 g

20 Minuten

Zutaten:
400 g Hähnchenbrustfilet (in Streifen)
1 Limette oder Zitrone (Saft & Schale)
2 Esslöffel Sojasoße
2 Frühlingszwiebeln
2 Teelöffel Ingwer (fein gehackt)
2 Teelöffel Knoblauch (fein gehackt)
1 Teelöffel Sriracha Soße
1 Teelöffel Erythrit oder Stevia/Xylit
2 Esslöffel Erdnuss- oder neutrales Öl
40 g gesalzene Erdnüsse

Zubereitung:
1. Das Öl in einer beschichteten Pfanne erhitzen. Fleisch, Knoblauch und Ingwer im heißen Öl etwa 4 Minuten anbraten. Den Rest der Zutaten mit 100 ml Wasser hinzugeben und kurz aufkochen.

Sesam Hähnchen mit Asiakraut

Energie 490 kcal, Kohlenhydrate 25 g, Eiweiß 48 g, Fett 22 g

30 Minuten

Zutaten:
400 g Hähnchenbrustfilet

Für die Marinade /Dressing
1 Limette oder Zitrone (Saft & Schale)
2 Esslöffel Sojasoße
2 Frühlingszwiebeln
2 Teelöffel Ingwer (fein gehackt)
2 Teelöffel Knoblauch (fein gehackt)
1 Teelöffel Sriracha Soße
1 Teelöffel Erythrit oder Stevia/Xylit
2 Esslöffel Erdnuss- oder neutrales Öl
40 g Sesam

Kraut
200 g Rotkohl oder Chinakohl (geraspelt)
1 Karotte (geraspelt)
2 Esslöffel Koriander (fein gehackt, optional)
2 Esslöffel Zitronen- oder Limettensaft
2 Teelöffel Sojasoße
1 Esslöffel Sesam

Zubereitung:
1. Das Hähnchen für 20 Minuten in der Hälfte der Marinade einlegen. In einer beschichteten Pfanne ohne extra Öl goldbraun braten.

2. Den Salat anrichten und mit der anderen Hälfte des Dressings mischen.

Asia-Aubergine mit Blumenkohlpüree

Energie 359 kcal, Kohlenhydrate 22 g, Eiweiß 12 g, Fett 18 g

20 Minuten

Zutaten:

400 g Auberginen (gewürfelt)

Für die Marinade

1 Limette oder Zitrone (Saft & Schale)
2 Esslöffel Sojasoße
2 Frühlingszwiebeln
2 Teelöffel Ingwer (fein gehackt)
2 Teelöffel Knoblauch (fein gehackt)
1 Teelöffel Sriracha Soße
1 Teelöffel Erythrit oder Stevia/Xylit
2 Esslöffel Erdnuss- oder neutrales Öl

Für das Blumenkohlpüree

300 g Blumenkohl
2 Esslöffel fettarmer Frischkäse
Salz & Pfeffer nach Geschmack

Zubereitung:

1. Die Aubergine in der Marinade etwa 10 Minuten einlegen. Den Blumenkohl weich kochen und mit den restlichen Zutaten und einem Pürierstab zu einem Püree verarbeiten.

2. In einer Pfanne die Aubergine anbraten. Mit 200 ml Wasser aufgießen und für 8 Minuten einköcheln lassen. Auf dem Püree servieren.

Minutensteak mit Spargel

Energie 520 kcal, Kohlenhydrate 8 g, Eiweiß 34 g, Fett 31 g

20 Minuten

Zutaten:

400 g mageres Rindfleisch (Minutensteak oder Filetsteak)
200 g grüner Spargel
50 g Kirschtomaten

Senfkruste

3 Teelöffel grober Senf
1 Esslöffel neutrales Öl
1 Knoblauchzehe (fein gehackt)
Salz & grober Pfeffer

Zubereitung:

1. Alle Zutaten für die Kruste in einer Schale vermengen und das Fleisch damit bestreichen. In einer beschichteten Pfanne nach Belieben (roh, medium oder durch) braten.

2. Den Spargel im Salzwasser kochen und mit den Tomaten auf einem Teller anrichten.

Zwischendurch

Tomaten-Panini

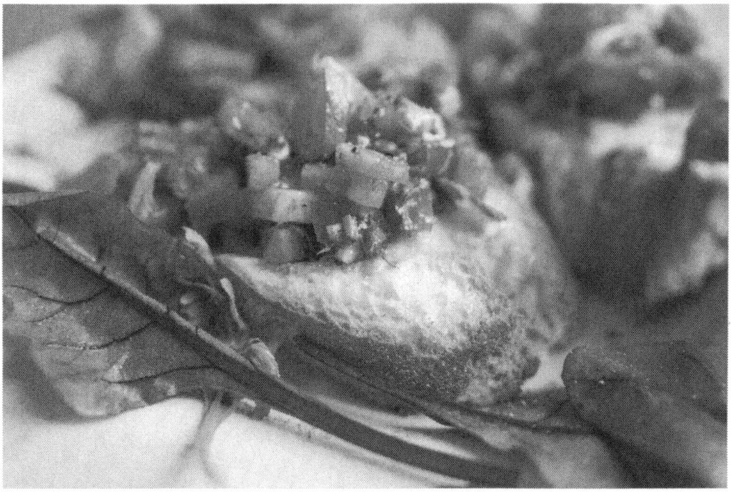

Energie 209 kcal, Kohlenhydrate 16 g, Eiweiß 8 g, Fett 12 g

10 Minuten

Zutaten:

4 Scheiben Low Carb Brot
250 g Tomaten (gewürfelt)
1 Bund Basilikum (fein gehackt)
2 Knoblauchzehen (fein gehackt)
2 Esslöffel Olivenöl
50 g fettarmer Mozzarella (in Würfeln)
Salz & grober Pfeffer

Zubereitung:

1. Das Brot anrösten. Alle Zutaten in einer Schüssel vermengen und auf dem Brot anrichten.

Pilz-Panini

Energie 209 kcal, Kohlenhydrate 16 g, Eiweiß 8 g, Fett 12 g

10 Minuten

Zutaten:
4 Scheiben Low Carb Brot
250 g Champignons (gewürfelt)
2 Esslöffel Petersilie (fein gehackt)
2 Knoblauchzehen (fein gehackt)
2 Esslöffel fettarmer Frischkäse
Salz & grober Pfeffer

Zubereitung:
1. Das Brot anrösten und mit Frischkäse bestreichen. Die Champignons in einer Pfanne mit dem Knoblauch anbraten und auf dem Brot anrichten und mit Petersilie bestreuen.

No Carb Cracker

Energie 198 kcal, Kohlenhydrate 2 g, Eiweiß 15 g, Fett 15 g

10 Minuten

Zutaten:
250 g Tomaten (gewürfelt)
1 Bund Basilikum (fein gehackt)
2 Knoblauchzehen (fein gehackt)
Salz & grober Pfeffer
100 g Parmesan (geraspelt)

Zubereitung:
1. Ofen auf 200 Grad vorheizen. Jeweils 1 Esslöffel Parmesan im Abstand von 5 cm auf ein mit Backpapier belegtes Blech geben und etwas flach drücken. Im heißen Ofen 6-8 Minuten goldbraun backen und auskühlen lassen.

2. Alle Zutaten für das Topping vermengen und auf den Crackern servieren.

Rinder Tonato

Energie 268 kcal, Kohlenhydrate 4 g, Eiweiß 12 g, Fett 6 g

10 Minuten

Zutaten:

150 g Roastbeef
40 g eingelegte Gurken
20 g Kapern
1 Römersalatherz

Für die Soße

½ Dose Thunfisch im eigenen Saft
1 Knoblauchzehe
150 g fettarmer Joghurt
2 Esslöffel Zitronensaft
Salz & Pfeffer

Zubereitung:

1. Alle Zutaten für die Soße mit einem Pürierstab zerkleinern und auf dem Roastbeef verteilen. Salat, Gurken und Kapern oben drauf anrichten.

Edamame Bohnen

Energie 110 kcal, Kohlenhydrate 3 g, Eiweiß 11 g, Fett 3 g

10 Minuten

Zutaten:

400 g Edamame Bohnen
1 Esslöffel grobes Salz

Zubereitung:

1 .In einem Topf mit Wasser die Bohnen für 8 Minuten weich kochen und abschrecken. Mit Salz besprenkeln.

Pinker Hummus mit Gemüse-Sticks

Energie 180 kcal, Kohlenhydrate 10 g, Eiweiß 8 g, Fett 14 g

10 Minuten

Zutaten:
1 Karotte
1 Gurke
1 Selleriestange oder anderes Gemüse

Für das Hummus
1 Dose Kichererbsen (gewaschen und abgetropft)
100 g Rote Bete (vakuumverpackt, vorgekocht)
2 Esslöffel Olivenöl
½ Zitrone (Saft)
1 Knoblauchzehe
1 Teelöffel Salz
½ Teelöffel Pfeffer
3 Esslöffel Tahini oder fettarmer Joghurt

Zubereitung:
1. Alle Zutaten für das Hummus mit einem Pürierstab zerkleinern. Das Gemüse in Sticks schneiden.

Gemüsechips
(No Carb, Low fat)

Energie 110 kcal, Kohlenhydrate 2 g, Eiweiß 4 g, Fett 6 g

8-12 Stunden

Zutaten:
Grünkohl oder Wirsing
Kürbis
Rote Bete (roh)
Zucchini
3 Esslöffel Öl

Zubereitung:
1. Das Gemüse mit einem Hobel hauchdünn schneiden. Mit etwas Salz und Pfeffer würzen und mit Öl Bestreichen. Im Ofen bei niedrigster Temperatur knusprig trocknen.

Geröstete Kichererbsen

Energie 145 kcal, Kohlenhydrate 21 g, Eiweiß 7 g, Fett 6 g

30 Minuten

Zutaten:

1 Dose Kichererbsen
2 Esslöffel Olivenöl
Gewürzpulver oder Kräuter(Oregano, Curry, Paprika, Grillgewürz)
Salz & Pfeffer nach Geschmack

Zubereitung:

1. Den Ofen auf 170 Grad vorheizen und ein Backblech mit Backpapier auslegen. Die Kichererbsen im Sieb waschen und abtropfen lassen. In einer Schüssel mit Öl und Gewürzen vermengen und im Ofen für 25-30 Minuten knusprig backen.

Guacamole

Energie 206 kcal, Kohlenhydrate 4 g, Eiweiß 2 g, Fett 20 g

10 Minuten

Zutaten:

1 kleine rote Zwiebel (fein gehackt)
1 Knoblauchzehe (fein gehackt)
1 Esslöffel Koriander (fein gehackt)
1 kleine Paprika (fein gewürfelt)
1 Avocado
2 Esslöffel Limettensaft
Salz & Pfeffer
Chilipulver (optional)

Zubereitung:

1. Die Avocado entkernen und mit einer Gabel zerdrücken. Restliche Zutaten hinzugeben und gut vermengen.

Salsa Dip

Energie 68 kcal, Kohlenhydrate 4 g, Eiweiß 1 g, Fett 5 g

10 Minuten

Zutaten:

½ Teelöffel rotes Chilipulver oder Chiliflocken
½ Knoblauchzehe (fein gehackt)
1 kleine rote Zwiebel (fein gehackt)
1 Dose gewürfelte Tomaten
1 Esslöffel Olivenöl
1 Teelöffel Tomatenmark
1 Esslöffel Koriander (fein gehackt)
Salz & Pfeffer

Zubereitung:

1. Die Zwiebel, Knoblauch und das Tomatenmark mit dem Öl in einer Pfanne anschwitzen. Tomaten mit Salz, Pfeffer und Chilipulver hinzugeben und 5 Minuten köcheln lassen. Zum Schluss den Koriander hinzugeben, abkühlen lassen. Im Glas hält sich die Salsa bis zu einer Woche im Kühlschrank.

Superleichter Quark-Dip

Energie 112 kcal, Kohlenhydrate 8 g, Eiweiß 18 g, Fett 8 g

10 Minuten

Zutaten:

250 g Magerquark oder Hüttenkäse
½ Bund Schnittlauch (fein gehackt)
100 g Gurke (fein gewürfelt oder geraspelt)
Salz & Pfeffer

Zubereitung:

1. Alle Zutaten in einer Schüssel gut vermengen.

Low Carb Cracker
(vegan, glutenfrei)

Energie 73 kcal, Kohlenhydrate 4 g, Eiweiß 2 g, Fett 5 g

40 Minuten

Zutaten:
60 g geschrotete Leinsamen
60 g Leinsamen oder Sesam
60 g (glutenfreies) Hafermehl oder Kichererbsenmehl
100 ml Wasser
Salz
Getrocknete Kräuter (optional)

Zubereitung:
1. Den Ofen auf 160 Grad vorheizen und ein Backblech mit Backpapier auslegen. Alle Zutaten mit den Knethaken eines Handmixers zu einem glatten Teig vermengen und auf dem Backpapier dünn ausstreichen.

2. Für 20 Minuten backen und die Temperatur auf 80 Grad runter stellen und für weitere 20 Minuten trocknen bis sie goldbraun und knusprig sind. In Portionen schneiden oder brechen und abkühlen lassen.

Ananas Smoothie

Energie 70 kcal, Kohlenhydrate 14 g, Eiweiß 1 g,

5 Minuten

Zutaten:
250 g Ananas
10 g Ingwer oder Kurkuma
200 ml Kokoswasser
1 Teelöffel Erythrit oder Stevia/Xylit

Zubereitung:
1. Alle Zutaten mit dem Pürierstab oder in einer Küchenmaschine zerkleinern.

Grüner D-Tox

Energie 63 kcal, Kohlenhydrate 12 g, Eiweiß 1 g, Fett 1 g

5 Minuten

Zutaten:
100 g Grünkohl, Rucola, Eisbergsalat
1 Apfel
1 Banane
500 ml Kokosnusswasser

Zubereitung:
1. Alle Zutaten mit dem Pürierstab oder in einer Küchenmaschine zerkleinern.

Heißhunger Smoothie

Energie 180 kcal, Kohlenhydrate 7 g, Eiweiß 4 g, Fett 14 g

5 Minuten

Zutaten:

1 kleine Avocado (200 g)
1 Esslöffel Limettensaft
2 Esslöffel frische Kräuter
250 ml Tomatensaft oder Frische Tomaten
150 ml Buttermilch
100 Wasser
Salz & Pfeffer

Zubereitung:

1. Alle Zutaten mit dem Pürierstab oder in einer Küchenmaschine zerkleinern.

Abendmahl

Gerösteter Blumenkohl mit Rote Bete Püree

Energie 167 kcal, Kohlenhydrate 7 g, Eiweiß 6 g, Fett 12 g

50 Minuten

Zutaten:

1 Blumenkohl (etwa 500 g)
3 Esslöffel Olivenöl
½ Teelöffel Gewürzpulver (Curry oder Grillgewürz)
Salz & Pfeffer
1 Esslöffel Zitronensaft
1 Esslöffel Pistazien oder andere Nüsse (optional)

Für das Rote Bete Püree

200 g Rote Bete (vakuumverpackt)
100 g fettarmer Joghurt oder Buttermilch
Salz & Pfeffer

Zubereitung:

1. Ofen auf 200 Grad vorheizen. Das Öl und Zitronensaft mit den Gewürzen verrühren und den Blumenkohl damit bestreichen. Im Ofen im auf der untersten Schiene für 40–45 Minuten backen.

2. Die Rote Bete mit den restlichen Zutaten pürieren und in einem Topf erwärmen.

Gebackener Schafskäse

Energie 320 kcal, Kohlenhydrate 6 g, Eiweiß 18 g, Fett 33 g

25 Minuten

Zutaten:
1 Zwiebel (in Streifen)
4 Tomaten (in Scheiben)
Salz & Pfeffer
1 Teelöffel Oregano
250 g fettreduzierter Schafskäse (9%)
2 Esslöffel Olivenöl

Zubereitung:
1. Ofen auf 200 Grad vorheizen. In einer Auflaufform die Tomaten und Zwiebeln auslegen und Öl, Oregano, Salz und Pfeffer hinzugeben. Den Schafskäse auf das Gemüse legen und im Ofen für etwa 15 Minuten backen.

Backfisch

Energie 329 kcal, Kohlenhydrate 19 g, Eiweiß 32 g, Fett 8 g

45 Minuten

Zutaten:
300 g Kabeljaufilet oder Seelachsfilet (TK)
300 g Brokkoli (TK)
200 g Kirschtomaten
2 Knoblauchzehen (grob gehackt)
1 Bund Dill (fein gehackt oder getrocknet)
1 Zitrone (in Scheiben)
Salz & Pfeffer
2 Esslöffel Olivenöl

Zubereitung:
1. Weder der Fisch noch der Brokkoli müssen für dieses Rezept vorher aufgetaut werden. Eine Auflaufform mit Öl bestreichen. Den Brokkoli und Tomaten darin verteilen. Den Knoblauch, Dill, Salz und Pfeffer auf den Fisch reiben und auf das Gemüse legen.

2. Form in den kalten (!) Backofen auf den untersten Rost stellen. Ofen auf 200 Grad schalten und den Fisch etwa 40 Minuten backen.

Ofen Wurzeln mit Forelle

Energie 365 kcal, Kohlenhydrate 27 g, Eiweiß 11 g, Fett 18 g

30 Minuten

Zutaten:
200 g Möhren
150 g Pastinaken oder Kürbis
150 g Rote Bete oder Kohlrabi
2 Esslöffel Olivenöl
1 Zwiebel (in Scheiben)
Salz & Pfeffer

Für den Dip
25 g geräuchertes Forellenfilet
10 g Magerquark
1 Teelöffel Tafelmeerrettich (Glas)
Salz & Pfeffer

Zubereitung:
1. Wurzelgemüse je nach Größe halbieren und in 1cm dicke Scheiben schneiden. Mit Öl, Salz und Pfeffer anmachen und im Ofen bei 180 Grad für etwa 30 Minuten backen.

2. In einer Schüssel die Zutaten für den Dip mit einer Gabel vermengen.

Kürbis-Wedges mit Kräuterquark

Energie 278 kcal, Kohlenhydrate 11 g, Eiweiß 18 g, Fett 17 g

30 Minuten

Zutaten:
400 g Kürbis
2 Esslöffel Olivenöl

Für den Kräuterquark
100 g veganer Joghurt (fettreduziert)
10 g frische Kräuter (fein gehackt)
1 Frühlingszwiebel (in Scheiben)
Salz & Pfeffer nach Geschmack

Zubereitung:
1. Den Kürbis in Wedges schneiden und mit Olivenöl, Salz und Pfeffer bestreichen. Mit Schale im Ofen bei 180 Grad für etwa 20 Minuten backen.

2. Alle Zutaten für den Quark in einer Schale vermengen und mit dem Kürbis servieren.

Arabische Linsensuppe

Energie 354 kcal, Kohlenhydrate 34 g, Eiweiß 20 g, Fett 10 g

50 Minuten

Zutaten:

½ Bund Suppengrün
1 Zwiebel (fein gehackt)
100 g Linsen
1 Esslöffel Öl
400 ml Gemüsebrühe
2 Lorbeerblatt
½ Zimtstange oder Teelöffel Zimtpulver
1 El Harissa-Paste
Salz & Pfeffer

Zubereitung:

1. Das Suppengrün in kleine Würfel schneiden. Linsen in einem Sieb unter kaltem Wasser abspülen, bis das Wasser klar bleibt. Öl in einem Topf erhitzen und das Suppengrün und Zwiebeln darin bei mittlerer Hitze unter Rühren 3-4 Minuten andünsten. Linsen zugeben. Brühe hinzugeben und kurz aufkochen. Lorbeerblätter und Zimt zugeben, offen unter gelegentlichem Rühren 40 Minuten bei mittlerer Hitze kochen. Am Ende Harissa-Paste einrühren und mit Salz und Pfeffer abschmecken.

Fat Burner Lauchsuppe

Energie 278 kcal, Kohlenhydrate 23 g, Eiweiß 10 g, Fett 13 g

20 Minuten

Zutaten:
400 g Porree (in Scheiben)
1 Zwiebel (fein gehackt)
1 Esslöffel Olivenöl
400 ml Gemüsebrühe
2 Esslöffel fettarmer Joghurt
Salz & Pfeffer

Zubereitung:
1. Porree und Zwiebeln in einem Topf mit Öl leicht anschwitzen. Mit Gemüsebrühe aufgießen und für 10 Minuten köcheln lassen. Joghurt einrühren und mit Salz und Pfeffer abschmecken

Möhrensuppe mit Sprossen und Erdnüssen

Energie 203 kcal, Kohlenhydrate 9 g, Eiweiß 7 g, Fett 15 g

20 Minuten

Zutaten:
250 g Möhren (geraspelt)
1 Zwiebeln (fein gehackt)
1 Knoblauchzehe (fein gehackt)
2 Esslöffel neutrales Öl
80 g Erdnuss (ungesalzen)
500 ml Gemüsebrühe
50 fettarmer Frischkäse
50 g Sojasprossen oder Kresse
Salz & Pfeffer

Zubereitung:
1. Möhren, Knoblauch und Zwiebeln in einem Topf mit Öl leicht anschwitzen. Mit Gemüsebrühe aufgießen und für 10 Minuten köcheln lassen. Frischkäse einrühren und mit Salz und Pfeffer abschmecken. Mit einem Pürierstab zerkleinern.

Paprika-Tomaten Topf

Energie 347 kcal, Kohlenhydrate 20 g, Eiweiß 8 g, Fett 11 g

25 Minuten

Zutaten:
1 Knoblauchzehe
3 Frühlingszwiebeln
100 g eingelegte Paprika (Glas)
1 Dose gewürfelte Tomaten
Salz & Pfeffer
50 g Bulgur oder Kochdinkel
½ Teelöffel Oregano
½ Teelöffel Paprikapulver
½ Teelöffel Chiliflocken (optional)

Zubereitung:
1. Öl in einem Topf erhitzen. Knoblauch und Zwiebeln und anschwitzen. Tomaten, Paprika und 500 ml Wasser zugeben, aufkochen. Bulgur und Gewürze hinzugeben und für 8 Minuten köcheln lassen.

Gemüse Kokos-Curry

Energie 365 kcal, Kohlenhydrate 28 g, Eiweiß 10 g, Fett 18 g

20 Minuten

Zutaten:
150 g Karotten (in Scheiben)
300 g Kürbis (gewürfelt)
150 g Brokkoli (TK)
100 g Champignons (in Scheiben)
1-2 Esslöffel Currypaste (gelb)
200 ml Gemüsebrühe
1 Frühlingszwiebel
½ Bund Koriander (fein gehackt)
400 ml Kokosmilch
Salz & Pfeffer nach Geschmack

Zubereitung:
1. Das Gemüse in einen Topf geben und mit der Gemüsebrühe für 8 Minuten weich köcheln lassen. Die Currypaste, Kokosmilch, Frühlingszwiebel und Koriander hinzugeben und für weitere 4 Minuten köcheln lassen.

Das Beste aus der Bete

Energie 198 kcal, Kohlenhydrate 14 g, Eiweiß 4 g, Fett 14 g

20 Minuten

Zutaten:
2 rote Zwiebeln (fein gehackt)
1 Bund Suppengrün (gewürfelt)
500 g Rote Bete (vakuumverpackt, vorgegart)
Sauerkraut (400 g)
2 Esslöffel Öl
Salz & Pfeffer
1 l Gemüsebrühe
2 Scheiben Pumpernickel
1 Bund Dill
150 g Magerquark

Zubereitung:
1. Das Suppengrün und die Zwiebeln in einem Topf mit Öl anschwitzen. Die Rote Bete in Scheiben oder Würfel schneiden und mit dem Sauerkraut in den Topf geben. Mit Brühe übergießen und alles für etwa 8 Minuten köcheln lassen und mit Salz und Pfeffer abschmecken.

2. Den Dill fein hacken und über die Suppe streuen. Das Pumpernickel mit dem Kräuterquark bestreichen und zur Suppe servieren

Bete Carpaccio

Energie 190 kcal, Kohlenhydrate 5 g, Eiweiß 6 g, Fett 17 g

15 Minuten

Zutaten:
500 g Rote Bete (vakuumverpackt, vorgegart)
1 große Orange oder Mango
1 Bund Rucola
50 g Walnüsse (fein gehackt)
100 g fettreduzierter Schafskäse
2 Esslöffel Olivenöl
2 Esslöffel Zitronensaft
Salz & Pfeffer

Zubereitung:
1. Die Rote Bete in möglichst dünne Scheiben schneiden und auf einem Teller ausbreiten. Den Rucola waschen, trocknen und auf der Bete verteilen. Die Orange filetieren (Mango in Spalten schneiden) und auf den Salat geben.

2. Öl, Zitronensaft und Salz und Pfeffer verrühren und über das Carpaccio träufeln.

Roastbeef Glasnudelsalat

Energie 379 kcal, Kohlenhydrate 28 g, Eiweiß 25 g, Fett 17 g

15 Minuten

Zutaten:

80 g Glasnudeln oder Shirataki
2 Frühlingszwiebeln (in Scheiben)
½ rote Paprikaschote (in Streifen)
1 Karotte (in Streifen)
100 g Sojasprossen (frisch oder aus der Dose)
1 Esslöffel Sesam
200 g Roastbeef
1 Bund Koriander (optional)

Für das Dressing

30 g Ingwer (fein gehackt) 1 Knoblauchzehe (fein gehackt)
1 Teelöffel Chiliflocken
1 Esslöffel Erythrit oder Stevia/Xylit
1 Esslöffel Erdnus- oder neutrales Öl
1 Esslöffel Sojasoße
1 Esslöffel Limetten- oder Zitronensaft

Zubereitung:

1. Alle Zutaten für das Dressing in einer Schüssel verrühren. Die Nudeln nach Packungsangabe garen und leicht abkühlen lassen. Dann mit dem Dressing anmachen.

2. Das Gemüse zu den Nudeln geben und das Roastbeef auf dem Salat anrichten.

Backhähnchen

Energie 380 kcal, Kohlenhydrate 18 g, Eiweiß 28 g, Fett 12 g

40 Minuten

Zutaten:
1 Bund Rucola
1 Rote Bete (vakuumverpackt, vorgegart)
50 g Kirschtomaten
200 g Hähnchenflügel

Für die Marinade
1 Esslöffel Sojasoße
1 Knoblauchzehe
50 ml Orangensaft
1 Esslöffel neutrales Öl
1 Teelöffel Gewürzmischung (Grillgewürz)
Salz & Pfeffer

Zubereitung:
1. Alle Zutaten für die Marinade in einer Schüssel verrühren und das Hähnchen darin für 20 Minuten einlegen. Den Ofen auf 180 Grad vorheizen und das Hähnchen für etwa 20 Minuten in einer Auflaufform goldbraun garen.

2. Die restlichen Zutaten in einer Schüssel anrichten und das Hähnchen mit der Soße darauf servieren.

Leichter Asiasalat

Energie 458 kcal, Kohlenhydrate 14 g, Eiweiß 25 g, Fett 23 g

15 Minuten

Zutaten:
1 Avocado
1 Gurke
50 g Sojasprossen (frisch)
100 g Weißkohl oder Chinakohl
1 Frühlingszwiebel (in Scheiben)
50 g Tofu
1 Bund Koriander (optional)

Für das Dressing
30 g Ingwer (fein gehackt)
1 Knoblauchzehe (fein gehackt)
1 Teelöffel Chiliflocken
1 Esslöffel Erythrit oder Stevia/Xylit
1 Esslöffel Erdnuss- oder neutrales Öl
1 Esslöffel Sojasoße
1 Esslöffel Limetten- oder Zitronensaft

Zubereitung:
1. Alle Zutaten für das Dressing in einer Schüssel verrühren und den Tofu darin einlegen. Die Avocado entkernen und in Spalten schneiden. Gurke in dünne Stifte schneiden oder hobeln. Den Weißkohl in Streifen schneiden.

2. Alle Zutaten in einer Schüssel anrichten und den Tofu mit dem Dressing oben drauf geben.

Kartoffelsalat mit Räucherfisch

Energie 270 kcal, Kohlenhydrate 15 g, Eiweiß 15 g, Fett 6 g

20 Minuten

Zutaten:
100 g Kartoffeln
2 Gurken
1 Bund Dill (fein gehackt)
1 Esslöffel Kapern
1 Zwiebel (fein gehackt)
100 g geräucherte Forelle oder Hering

Für das Dressing
2 Teelöffel Meerrettich
100 g fettarmer Joghurt
Salz & Pfeffer

Zubereitung:
1. Die Kartoffeln schälen und in Salzwasser kochen. Gurken in feine Scheiben hobeln oder Schneiden. Beides in einer Schüssel mit den restlichen Zutaten vermengen und mit dem Dressing beträufeln.

Brokkoli Auflauf

Energie 470 kcal, Kohlenhydrate 22 g, Eiweiß 12 g, Fett 6 g

30 Minuten

Zutaten:
500 g Brokkoli (TK)
1 Stange Porree (in Scheiben)
150 g Kartoffeln
1 Knoblauchzehe (fein gehackt)
2 Eier
200 ml Milch
100 g fettarmer Frischkäse oder Hüttenkäse (0,8% Fett)
Salz & Pfeffer
½ Teelöffel Muskatnuss
100 g fettarmer Mozzarella

Zubereitung:
1. Die Kartoffeln mit Schale in Salzwasser halb gar kochen, schälen und in Scheiben schneiden. Den Ofen auf 180 Grad vorheizen. In einer Schüssel die Milch, Knoblauch, Ei, Salz, Pfeffer und Muskatnuss verquirlen.

2. Die Kartoffeln, Brokkoli und Porree in eine Auflaufform geben und mit der Milchmischung übergießen. Den Mozzarella in kleinen Stücken oben drauf verteilen und im Ofen für etwa 15 Minuten backen.

No Carb Pizzaboden
(glutenfrei)

Energie 190 kcal, Kohlenhydrate 6 g, Eiweiß 12 g, Fett 8 g

40 Minuten

Zutaten:
300 g Blumenkohl
120 g Mandeln (gemahlen)
40 g geriebener Hartkäse
1 Ei
1 Esslöffel Kichererbsenmehl
Salz, Pfeffer

Zubereitung:
1. Den Blumenkohl roh in einer Küchenmaschine oder mit dem Pürierstab sehr fein zerkleinern. Mit den restlichen Zutaten zu einem Teig verarbeiten.

No Carb Pizza Margarita

Energie 390 kcal, Kohlenhydrate 13 g, Eiweiß 12 g, Fett 23 g

30 Minuten

Zutaten:
100 g fettarmer Mozzarella
1 Bund Basilikum
50 g Kirschtomaten (halbiert)

Für die Soße
1 Dose gewürfelte Tomaten
1 Knoblauchzehe (fein gehackt)
1 Teelöffel Oregano
1 Teelöffel Paprikapulver
1 Esslöffel Tomatenmark

Zubereitung:
1. Den Ofen auf 180 Grad vorheizen und ein Backblech mit Backpapier auslegen. Den No Carb Pizzateig auf dem Blech ausrollen.

2. Für die Soße alle Zutaten in einer Schüssel gut vermengen und auf dem Pizzaboden verteilen. Mit Mozzarella und Tomaten belegen und im Ofen für etwa 10-12 Minuten backen. Mit Basilikum bestreuen.

No Carb Pesto-Thunfisch Pizza

Energie 380 kcal, Kohlenhydrate 13 g, Eiweiß 22 g, Fett 12 g

30 Minuten

Zutaten:
1 Dose Thunfisch

Für die Soße
1 Dose gewürfelte Tomaten
1 Knoblauchzehe (fein gehackt)
1 Teelöffel Oregano
1 Teelöffel Paprikapulver
1 Esslöffel Tomatenmark

Für das Pesto
20 g Pinienkerne
2 Knoblauchzehen
100 g weiße Bohnen (Dose)
2 Esslöffel Olivenöl
1 Esslöffel Zitronensaft
3 Bund Basilikum
25 g Parmesan
Salz & Pfeffer

Zubereitung:
1. Den Ofen auf 180 Grad vorheizen und ein Backblech mit Backpapier auslegen. Den No Carb Pizzateig auf dem Blech ausrollen.

2. Für die Soße alle Zutaten in einer Schüssel gut vermengen und auf dem Pizzaboden verteilen. Die Pinienkerne in einer Pfanne ohne Öl goldbraun rösten und abkühlen lassen. Alle Zutaten für das Pesto mit dem Pürierstab zerkleinern. Die Pizza mit Thunfisch und Pesto belegen. Im Ofen für etwa 10-12 Minuten backen.

Pizza Bianca

Energie 360 kcal, Kohlenhydrate 13 g, Eiweiß 26 g, Fett 10 g

40 Minuten

Zutaten:
1 Zucchini (in dünnen Scheiben)
100 g fettarmer Frischkäse
50 g Hüttenkäse (0,8% Fett)
50 g fettarmer Mozzarella
1 rote Zwiebel (in Ringen)
1 Esslöffel Kapern (optional)

Zubereitung:
1. Den Ofen auf 180 Grad vorheizen und ein Backblech mit Backpapier auslegen. Den No Carb Pizzateig auf dem Blech ausrollen.

2. Den Frischkäse auf dem Pizzaboden verstreichen und mit der Zucchini und Zwiebel belegen. Hüttenkäse und Mozzarella verteilen und im Ofen für etwa 12-12 Minuten backen.

Geflügelröllchen

Energie 180 kcal, Kohlenhydrate 3 g, Eiweiß 18 g, Fett 13 g

10 Minuten

Zutaten:

80 g geräucherte Putenbrust (in Scheiben)
2 Esslöffel fettarmer Frischkäse
1 Bund Schnittlauch oder gemischte Kräuter (TK)
100 g gekochter Spargel (Glas oder Frisch)

Zubereitung:

1. Den Frischkäse mit den Kräutern verrühren und auf der Putenbrust verstreichen. Den Spargel auf die Pute legen und einrollen

Quinoa Bowl

Energie 317 kcal, Kohlenhydrate 18 g, Eiweiß 11 g, Fett 12 g

20 Minuten

Zutaten:

70 g Quinoa oder Dinkel
60 g Erdnuss
1 Esslöffel Limettensaft oder Zitronensaft
1 Esslöffel Olivenöl oder Erdnussöl
1 Teelöffel Ras el Hanout (oder Gewürzmischung)
100 g grüne Bohnen
Salz & Pfeffer
100 g Salat
50 g Weintrauben oder Erdbeeren
50 g fettarmer Joghurt

Zubereitung:

1. Den Quinoa nach Packungsangabe garen und mit Öl, Limettensaft, Gewürzen anmachen. Die Bohnen und Früchte in kleine Stücke schneiden und in das Quinoa geben. Mit Joghurt beträufeln.

Pilzpfanne

Energie: 190 kcal, Kohlenhydrate 4 g, Eiweiß 6 g, Fett 17 g

30 Minuten

Zutaten:
1 Zwiebel (fein gehackt)
2 Knoblauchzehen (fein gehackt)
2 Esslöffel Öl
3 Petersilienwurzeln oder Kohlrabi (gewürfelt)
3 Karotten (gewürfelt)
40 g Mandeln (grob gehackt)
400 g gemischte Pilze (TK oder frisch)
3 Tomaten (gewürfelt)
1 Bund Petersilie (grob gehackt)
Salz & Pfeffer

Zubereitung:
1. Zwiebel, Knoblauch und Gemüse in einer Pfanne mit dem Öl kurz anschwitzen und aus der Pfanne nehmen. Die Pfanne erhitzen und die Pilze unter Rühren bei hoher Temperatur goldbraun braten.

2. Gemüse, Tomaten und Petersilie zu den Pilzen geben und alles zusammen nochmal für etwa 5 Minuten anbraten. Mit Salz und Pfeffer abschmecken.

Gulasch Süppchen

Energie 420 kcal, Kohlenhydrate 8 g, Eiweiß 34 g, Fett 16 g

30 Minuten

Zutaten:

2 Paprika
100 g Champignons (in Scheiben)
200 g mageres Rindfleisch (gewürfelt)
1 Zwiebel (fein gehackt)
2 Knoblauchzehen (fein gehackt)
2 Esslöffel Öl
2 Esslöffel Tomatenmark
½ Teelöffel Paprikapulver
½ Teelöffel Kreuzkümmel
½ Teelöffel Korianderpulver
½ Teelöffel Currypulver
½ Teelöffel Chilipulver
1 Dose gewürfelte Tomaten
200 ml Gemüsebrühe
Salz & Pfeffer

Zubereitung:

1. In einem Topf Zwiebeln, Knoblauch, Champignons und Paprika und Tomatenmark anschwitzen und wieder aus dem Topf nehmen. Etwas Öl im Topf bei hoher Temperatur erhitzen und das Fleisch braun anbraten. Solange braten bis der Saft eingekocht ist.

2. Das Gemüse wieder hinzugeben und die Tomaten, Brühe und Gewürze einrühren. Bei niedriger Hitze köcheln lassen, bis das Fleisch zart ist (etwa 10 Minuten).

Gefüllte Paprikaschoten

Energie 280 kcal, Kohlenhydrate 8 g, Eiweiß 11 g, Fett 16 g

40 Minuten

Zutaten:
2 Paprikaschoten (halbiert, entkernt)
50 g Quinoa oder Kochdinkel
70 g Kirschtomaten
70 g fettarmer Feta
50 g Oliven (entkernt)
1 Esslöffel gemischte Kräuter (TK)
Salz & Pfeffer

Zubereitung:
1. Den Quinoa nach Packungsangabe garen und mit den restlichen Zutaten in einer Schüssel vermengen. Die Quinoamischung in die Paprika füllen. Sie können so genossen werden oder im Ofen bei 120 Grad gebacken werden.

Tofu in Pilzsoße
(vegan)

Energie 280 kcal, Kohlenhydrate 6 g, Eiweiß 8 g, Fett 4 g

20 Minuten

Zutaten:
200 g gemischte Pilze (Tk oder frisch)
1 Karotte (geraspelt)
2 Frühlingszwiebeln (in Scheiben)
1 Paprika (in Streifen)

Für die Soße
30 g Ingwer (fein gehackt)
1 Knoblauchzehe (fein gehackt)
1 Teelöffel Chiliflocken
1 Esslöffel Erythrit oder Stevia/Xylit
1 Esslöffel Erdnuss- oder neutrales Öl
1 Esslöffel Sojasoße
1 Esslöffel Limetten- oder Zitronensaft
1 Esslöffel Erdnüsse (ungesalzen)
200 g Seidentofu

Zubereitung:
1. In einer Pfanne das Öl erhitzen und Knoblauch und Ingwer ganz leicht anschwitzen. Das Gemüse und die Pilze (gefroren) hinzugeben. Die restlichen Zutaten für die Soße in einer Schale verrühren und zum Gemüse geben. Für etwa 5 Minuten köcheln lassen und über dem Tofu servieren.

Gebackener Kürbis mit Erdnuss (vegan)

Energie 220 kcal, Kohlenhydrate 16 g, Eiweiß 6 g, Fett 18 g

30 Minuten

Zutaten:
400 g Kürbis

Für die Erdnuss Soße
30 g Ingwer (fein gehackt)
1 Knoblauchzehe (fein gehackt)
1 Teelöffel Chiliflocken
1 Esslöffel Erythrit oder Stevia/Xylit
2 Esslöffel Sojasoße
1 Esslöffel Limetten- oder Zitronensaft
2 Esslöffel Erdnussbutter (ungesüßt)

Zubereitung:
1. Den Kürbis im heißen Ofen (180 Grad) für etwas 20 Minuten weich backen. Dann in Spalten schneiden. Die Schale kann (wenn Bio) mitgegessen werden.

2. Alle Zutaten für die Soße mit einem Pürierstab zerkleinern und mit dem Kürbis servieren.

Buchweizen Küchlein
(vegan)

Energie 390 kcal, Kohlenhydrate 28 g, Eiweiß 12 g, Fett 12 g

40 Minuten

Zutaten:

Für den Teig
50 g Buchweizen oder Dinkelmehl (vollkorn)
50 g Kichererbsen oder Kokosmehl
80 g Mandeln (gemahlen)
50 g Walnüsse (grob gehackt)
400 ml Wasser
Salz oder Sojasoße
2 Esslöffel Erdnuss- oder neutrales Öl

Füllung
100 g Spinat (TK oder frisch)
50 g Tofu
1 Zwiebel (fein gehackt)
Salz & Pfeffer

Zubereitung:
1. Alle Zutaten für den Teig in einer Schüssel zu einem glatten Teig verarbeiten. In einer beschichteten Pfanne das Öl erhitzen und die Pfannkuchen ausbacken.

2. Für die Füllung die Zwiebel in einer Pfanne anschwitzen und den Spinat erwärmen. Den Tofu hineinbröckeln und mit Salz und Pfeffer abschmecken. Auf die Pfannkuchen geben und einrollen.

BBQ-Blumenkohl
(vegan)

Energie 167 kcal, Kohlenhydrate 7 g, Eiweiß 8 g, Fett 14 g

40 Minuten

Zutaten:

500 g Blumenkohl (TK oder Frisch)

Für die Marinade

1 Esslöffel Sojasoße
2 Knoblauchzehen (fein gehackt)
100 ml Orangensaft
1 Esslöffel Tomatenmark
1 Esslöffel neutrales Öl
1 Teelöffel Gewürzmischung (Grillgewürz)
Salz & Pfeffer

Für den Dip

100 g veganer Joghurt (fettreduziert)
10 g frische Kräuter (fein gehackt)
1 Frühlingszwiebel (in Scheiben)
Salz & Pfeffer nach Geschmack

Zubereitung:

1. Den Ofen auf 180 Grad vorheizen und ein Backblech mit Backpapier auslegen. Alle Zutaten für die Marinade in einer Schüssel verrühren und den Blumenkohl (in Röschen) darin einlegen. Im Ofen für etwa 20 Minuten backen.

2. Alle Zutaten für das Dressing vermengen und zum Blumenkohl servieren.

Ruckzug-Linsen Salat
(vegan)

Energie 353 kcal, Kohlenhydrate 29 g, Eiweiß 11 g, Fett 6 g

15 Minuten

Zutaten:
100 g geröstete Kichererbsen (Rezept 88 oder fertig gekauft)
100 g Linsen
50 g eingelegte Paprika (Glas)
50 g Oliven
100 g Kirschtomaten (halbiert)
1 Knoblauchzehe (fein gehackt)
1 Teelöffel Oregano
1 Esslöffel Olivenöl
1 Bund Rucola

Zubereitung:
1. Die Linsen nach Packungsangabe kochen und mit den Kichererbsen und restlichen Zutaten in einer Schüssel vermengen.

Orientalische Falafel
(vegan)

Energie 290 kcal, Kohlenhydrate 12 g, Eiweiß 8 g, Fett 6 g

30 Minuten

Zutaten:

Für die Falafel
1 Dose Kichererbsen (püriert)
1 Knoblauchzehe (fein gehackt)
50 g Kichererbsenmehl
1 Teelöffel Ras el Hanout (oder andere Gewürzmischung)
Salz & Pfeffer

Soße
1 Dose gewürfelte Tomaten
1 Zwiebel (fein gehackt)
1 Knoblauchzehe (fein gehackt)
1 Esslöffel Tomatenmark
1 Esslöffel Olivenöl
2 Esslöffel Tahini, getrocknete Kräuter

Zubereitung:

1. Die Kichererbsen mit einem Pürierstab oder Küchenmaschine grob zerkleinern. Mit den restlichen Zutaten zu einer Masse kneten und in Bällchen formen.

2. Tomatenmark, Zwiebeln und Knoblauch mit dem Öl in einer Pfanne anschwitzen. Restliche Zutaten hinzugeben und kurz einköcheln lassen. Ofen auf 160 Grad vorheizen. Soße in eine Auflaufform geben, die Falafelbällchen hineinlegen und für 15 Minuten backen. Mit Tahini beträufeln und Kräutern bestreuen.

Hackbällchen

Energie 430 kcal, Kohlenhydrate 11 g, Eiweiß 30 g, Fett 30 g

20 Minuten

Zutaten:

Für die Bällchen
500 g Hackfleisch, gemischt
1 Esslöffel gemischte Kräuter (TK)
1 Zwiebel (fein gehackt)
1 Knoblauchzehe (fein gehackt)
Salz & Pfeffer

Soße
2 Zucchini (in Scheiben)
200 g Kirschtomaten (halbiert)
2 Esslöffel Olivenöl
1 Teelöffel Oregano
150 g Erbsen oder Brokkoli (TK)
1 Esslöffel Tomatenmark
250 ml Gemüsebrühe

Zubereitung:
1. Alle Zutaten für die Bällchen in einer Schüssel vermengen und zu Bällchen formen. Alle Zutaten für die Soße in eine Auflaufform geben und gut vermengen. Im heißen Ofen bei 160 Grad für 20 Minuten backen.

No carb Shirataki Noodles
(aus Yamswurzel)

Energie 191 kcal, Kohlenhydrate 4 g, Eiweiß 21 g, Fett 8 g

40 Minuten

Zutaten:

200 g Shirataki oder Linsennudeln (Asialaden oder online)
100 g gemischte Pilze (TK)
100 g Brokkoli (TK)
1 Esslöffel Sojasoße
2 Frühlingszwiebeln
2 Teelöffel Ingwer (fein gehackt)
2 Teelöffel Knoblauch (fein gehackt)
1 Teelöffel Sriracha Soße oder Chiliflocken
1 Teelöffel Erythrit oder Stevia/Xylit
2 Esslöffel Erdnuss- oder neutrales Öl
40 g Sesam

Zubereitung:

1. Die Nudeln nach Packungsangabe garen. In einer Pfanne das Öl erhitzen und Ingwer, Knoblauch und Frühlingszwiebeln anschwitzen. Restliche Zutaten dazugeben und einköcheln lassen. Die Nudeln in die Pfanne geben und kurz erwärmen.

Fitness-Eintopf

Energie 120 kcal, Kohlenhydrate 13 g, Eiweiß 5 g, Fett 12 g

40 Minuten

Zutaten:
1 Zwiebel (fein gehackt)
1 Knoblauchzehe (fein gehackt)
1 Bund Suppengrün (gewürfelt)
100 g Erbsen (TK)
100 g Brokkoli
1 Paprika (gewürfelt)
2 Esslöffel Olivenöl
1 Dose gewürfelte Tomaten
1 Teelöffel Oregano
100 ml Gemüsebrühe
Salz & Pfeffer
3 Wiener Würstchen oder mageres Fleisch (in Scheiben)

Zubereitung:
1. Zwiebeln, Knoblauch und Gemüse in einem Topf mit Öl anschwitzen. Tomaten, Gemüsebrühe, Würstchen, Oregano hinzugeben und für 8-10 Minuten einköcheln lassen. Mit Salz und Pfeffer abschmecken.

Schuldfreie Sünden

Erdbeer-Joghurteis

Energie 110 kcal, Kohlenhydrate 13 g, Eiweiß 8 g, Fett 2 g

120 Minuten

Zutaten:

200 g Erdbeeren oder gemischte Beeren (TK)
300 g fettarmer Joghurt oder Kokosjoghurt
2 Esslöffel Erythrit oder Stevia/Xylit

Zubereitung:

1. Alle Zutaten mit dem Pürierstab zu einer Creme verarbeiten. In einem luftdichten Behälter für eine Stunde einfrieren. Dann nochmal Pürieren und nochmals für 1 Stunde einfrieren.

Mango-Kokoseis
(vegan)

Energie 130 kcal, Kohlenhydrate 13 g, Eiweiß 4 g, Fett 12 g

120 Minuten

Zutaten:

200 g Mango (frisch oder Dose)
300 ml Kokoscreme oder Kokosjoghurt
2 Esslöffel geraspelte Kokosnuss
2 Esslöffel Erythrit oder Stevia/Xylit

Zubereitung:

1. Alle Zutaten mit dem Pürierstab zu einer Creme verarbeiten. In einem luftdichten Behälter für eine Stunde einfrieren. Dann nochmal Pürieren und nochmals für 1 Stunde einfrieren.

Himbeer-Zitronen Sorbet
(vegan)

Energie 127 kcal, Kohlenhydrate 4 g, Eiweiß 2 g, Fett 0 g

120 Minuten

Zutaten:
500 g Himbeeren (frisch oder TK)
1 Zitrone (Saft und Schale)
150 g Erythrit oder Stevia/Xylit

Zubereitung:
1. Alle Zutaten mit dem Pürierstab zu zerkleinern. In einem luftdichten Behälter für eine Stunde einfrieren. Dann nochmal Pürieren und nochmals für 1 Stunde einfrieren.

Schoko-Bananeneis
(vegan, zuckerfrei)

Energie 235 kcal, Kohlenhydrate 26 g, Eiweiß 4 g, Fett 12 g

120 Minuten

Zutaten:

500 g Bananen (geschält, gefroren)
50 g Bitterschokolade (vegan)
200 ml Kokoscreme (kalt)
2 Esslöffel ungesüßtes Kakaopulver
2 Esslöffel ungesüßte Erdnussbutter

Zubereitung:

1. Alle Zutaten bis auf die Schokolade mit dem Pürierstab zu zerkleinern. Die Schokolade in kleine Stücke hacken und in die Eismischung geben. In einem luftdichten Behälter für eine Stunde einfrieren. Dann nochmal Pürieren und nochmals für 1 Stunde einfrieren.

Müslitaler (vegan, glutenfrei)

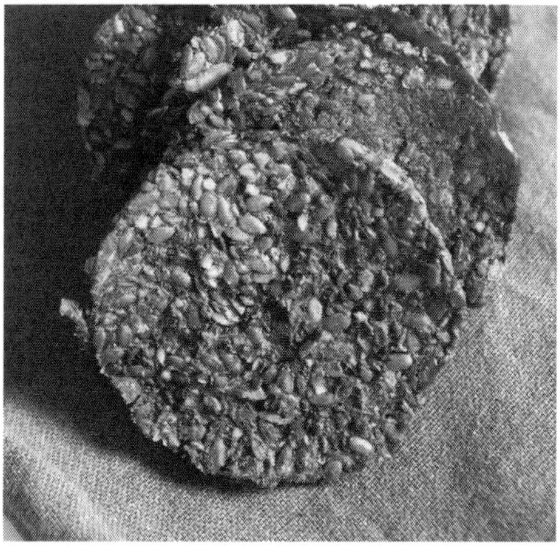

Energie 60 kcal, Kohlenhydrate 6 g, Eiweiß 2 g, Fett 3 g

240 Minuten

Zutaten:

2 Esslöffel Leinsamen (geschrotet)
2 Esslöffel Datteln (entkernt, gehackt)
2 Esslöffel getrocknete Aprikosen (gehackt)
3 Esslöffel Mandeln (gehackt)
3 Esslöffel Walnüsse (gehackt)
2 Esslöffel Erythrit oder Stevia/Xylit
3 Esslöffel Getreidefrocken (glutenfrei)
2 Teelöffel Kakaopulver (ungesüßt)

Zubereitung:

1. Die Leinsamen mit 1 Esslöffel Wasser anrühren und für 5 Minuten stehen lassen. Restliche Zutaten in einer Schüssel gut vermengen. Leinsamen hinzugeben und durchkneten. In Taler formen und mit Frischhaltefolie abdecken. Im Kühlschrank für mindestens 4 Stunden hart werden lassen.

Pflaumen-Streusel

Energie 264 kcal, Kohlenhydrate 29 g, Eiweiß 5 g, Fett 8 g

40 Minuten

Zutaten:
1 Kg Zwetschgen (entsteint, geviertelt)
2 Esslöffel Erythrit oder Stevia/Xylit
1 Teelöffel Maisstärke oder Tapiokastärke

Streusel
3 Esslöffel Mandeln (gehackt)
3 Esslöffel Walnüsse (gehackt)
2 Esslöffel Erythrit oder Stevia/Xylit
2 Esslöffel Getreideflocken (glutenfrei)
1 Teelöffel Zimt oder Lebkuchengewürz

Zubereitung:
1. Den Ofen auf 180 Grad vorheizen. Die Pflaumen mit dem Erythrit oder Stevia/Xylit und der Stärke vermengen und in eine Auflaufform geben.

2. Alle Zutaten für die Streusel in einer Schüssel gut vermengen und auf die Pflaumen geben. Im Ofen für etwa 20 Minuten backen.

Ananas-Carpaccio mit Erdbeer-Coulis

Energie 105 kcal, Kohlenhydrate 12 g, Eiweiß 5 g Fett 6 g

30 Minuten

Zutaten:
1 Ananas
1 Esslöffel Erythrit oder Stevia/Xylit
1 Esslöffel geraspelte Kokosnuss (Deko)
Minzblätter (Deko)

Für den Coulis
200 g Erdbeeren (gefroren)
1 Esslöffel Zitronensaft
1 Esslöffel Erythrit oder Stevia/Xylit

Zubereitung:
1. Für den Coulis alles mit dem Pürierstab zerkleinern.

2. Die Ananas schälen und in hauchdünne Scheiben schneiden, dann in einer Pfanne mit dem Erythrit oder Stevia/Xylit goldbraun braten. Auf einem Teller anrichten und mit Coulis begießen.

Mango Tiramisu

Energie 235 kcal, Kohlenhydrate 29 g, Eiweiß 14 g, Fett 5 g

20 Minuten

Zutaten:

1 Esslöffel Kokosraspeln
300 g Kokosjoghurt
1 Esslöffel Erythrit oder Stevia/Xylit
2 Scheiben Kokoszwieback
100 g Mangos (frisch oder Dose)

Zubereitung:

1. Den Zwieback halbieren. In zwei Gläsern erst den Joghurt, dann die Mango und den Zwieback schichten und mit Kokosraspeln garnieren.

Orangen-Mandelkuchen
(vegan)

Energie 281 kcal, Kohlenhydrate 30 g, Eiweiß 4 g, Fett 6 g

40 Minuten

Zutaten:
200 g Mehl (Vollkorn oder glutenfrei)
200 g Mandeln (gemahlen)
4 Orangen (Saft und Schale)
100 g Erythrit oder Stevia/Xylit
1 Päckchen Backpulver
100 g Kokosjoghurt

Zubereitung:
1. Den Ofen auf 180 Grad vorheizen und eine Kastenform oder Springform mit Backpapier auslegen. Alle Zutaten mit den Knethaken zu einem glatten Teig verarbeiten. Zügig in die Backform geben und für etwa 20 Minuten backen.

Schokokuchen (glutenfrei)

Energie 180 kcal, Kohlenhydrate 31 g, Eiweiß 3 g, Fett 6 g

40 Minuten

Zutaten:
200 g Mandeln (gemahlen
70 g Erythrit oder Stevia/Xylit
100 g fettreduzierte Margarine
2 Eier
2 Esslöffel Kakaopulver (ungesüßt)
50 g dunkle zuckerfreie Schokolade
1 Päckchen Backpulver

Zubereitung:
1. Die Schokolade in kleine Stücke schneiden und in der Margarine schmelzen, abkühlen lassen. Den Ofen auf 180 Grad vorheizen und eine Kuchenform mit Backpapier auslegen. Mandeln, Kakao und Backpulver in einer Schüssel mischen.

2. Die Eier in die abgekühlte Schokomasse mit einem Schneebesen einrühren. Die trockenen Zutaten und die Schokomasse vermischen und in die Backform füllen. Im Ofen für etwa 20 Minuten backen.

Rafaelo

Energie 108 kcal, Kohlenhydrate 2 g, Eiweiß 9 g, Fett 7 g

30 Minuten

Zutaten:
200 g Magerquark
100 g Kokosraspeln
20 g Kokospulver oder Eiweißpulver
10 g Erythrit oder Stevia/Xylit
10 geschälte Mandeln
Extra Kokosraspeln (Deko)

Zubereitung:
1. Alle Zutaten bis auf die Mandeln in einer Schüssel gut vermengen. Jeweils eine Mandel in die Mitte und zu kleinen Bällchen formen. In Kokosraspeln wälzen und im Kühlschrank für 20 Minuten kühlen.

Schlanker Käsekuchen

Energie 304 kcal, Kohlenhydrate 18 g, Eiweiß 27 g, Fett 12 g

40 Minuten

Zutaten:
500 g Magerquark
200 g fettarmer Joghurt
100 g Gries
1 Päckchen Vanillepudding
3 Eier
100 g Erythrit oder Stevia/Xylit
100 g Kirschen (Glas)

Zubereitung:
1. Ofen auf 160 Grad vorheizen und eine Kuchenform mit Backpapier auslegen. Alle Zutaten mit den Quirlen des Handmixers gut verrühren (6 Minuten) und in die Form gießen.

2. Die Kirschen abtropfen und in die Menge streuen. Für 40-50 Minuten backen bis der Kuchen leicht wackelt, aber fest ist.

Saftiger Joghurt-Kuchen
(aus dem Kühlschrank)

Energie 340 kcal, Kohlenhydrate 8 g, Eiweiß 9 g, Fett 37 g

40 Minuten

Zutaten:
200 g fettarmer Frischkäse
200 g Magerquark
200 g fettarmer Joghurt
100 g Himbeeren (TK oder frisch)
100 g Erythrit oder Stevia/ Xylit
4 g Agar Agar-Pulver

Für den Boden
6 Scheiben Kokoszwieback
80 g Kokosöl oder Margarine

Zubereitung:
1. Himbeeren mit dem Zuckerersatz oder Erythrit oder Stevia/Xylit zusammen mit dem Agar zum köcheln bringen und für etwa 3 Minuten köcheln lassen. Beiseite stellen und auf Raumtemperatur abkühlen lassen.

2. Den Zwieback in einem Gefrierbeutel mit dem Nudelholz zerbröseln. Das Kokosöl schmelzen und in die Brösel mischen. Eine Springform mit Backpapier auslegen und die Brösel hineingeben und mit einem Löffel festdrücken.

3. Frischkäse, Quark, Joghurt mit den Quirlen eines Handmixers cremig schlagen. Himbeermasse unterheben und in die Springform füllen. Im Kühlschrank für mindestens 4 Stunden (am besten über Nacht) stocken lassen.

Lebkuchen Weihnachtskugeln

Energie 198 kcal, Kohlenhydrate 22 g, Eiweiß 10 g, Fett 8 g

20 Minuten

Zutaten:
200 g Nüsse (gemahlen)
100 g Nüsse gehackt
50 getrocknete Früchte (Aprikosen, Cranberries etc)
200 g Datteln oder Dattelmus (entkernt)
4 Esslöffel ungesüßter Kakao
2-3 Teelöffel Lebkuchengewürz
50 g dunkle zuckerfreie Schokolade

Zubereitung:
1. Die Datteln mit etwa 3-4 Esslöffeln warmem Wasser übergießen und einweichen lassen (bei Dattelmus nicht nötig), mit einem Pürierstab zerkleinern und restliche Zutaten (bis auf die Schokolade) hinzugeben.

2. Schokolade im Wasserbad oder Mikrowelle schmelzen. Die Masse zu Bällchen formen und die geschmolzenen Schokolade darüber träufeln. Im Kühlschrank abkühlen lassen.

Apfel Muffin
(glutenfrei, vegan)

Energie 139 kcal, Kohlenhydrate 12 g, Eiweiß 8 g, Fett 12 g

40 Minuten

Zutaten:
100 g Mandeln (gemahlen)
100 g glutenfreies Vollkornmehl oder Kokosmehl
1 Päckchen Backpulver
100 g Erythrit oder Stevia/Xylit
200 ml Kokosjoghurt oder Pflanzenmilch
100 g Apfelmus

Topping
Zimt
2-3 Äpfel
2 Esslöffel Zitronensaft

Zubereitung:

1. Den Ofen auf 170 Grad vorheizen und ein Muffinblech mit Papierförmchen auslegen. Mandeln, Mehl und Backpulver gut vermischen. In einer zweiten Schüssel die restlichen Zutaten vermengen.

2. Die Äpfel entkernen, in dünne Spalten schneiden und mit Zitronensaft bestreichen. Beide Schüsseln vorsichtig vermischen, bis ein glatter Teig entsteht. Teig in die Förmchen (zu ¾) füllen und die Apfelspalten hineinlegen. Mit Zimt bestäuben und für etwa 20 Minuten backen.

Karotten Cupcakes mit Frosting

Energie 156 kcal, Kohlenhydrate 20 g, Eiweiß 11 g, Fett 4 g

40 Minuten

Zutaten:

100 g Mandeln (gemahlen)
200 g Vollkornmehl
1 Päckchen Backpulver
1 Teelöffel Zimt
1 Teelöffel Ingwerpulver (optional)
½ Teelöffel Vanillepulver (optional)
1 Prise Salz
50 ml Öl
1 Bananen-Mus (80g)
50 g Erythrit oder Stevia/Xylit
120 ml Pflanzenmilch
100 ml Mineralwasser mit Kohlensäure
100 g Karotten (geraspelt)
45 g Walnüsse (gehackt)

Für das Kokos-Frosting

150 g Kokos-Joghurt oder Kokoscreme
1 Esslöffel Erythrit oder Stevia/Xylit

Zubereitung:

1. Den Ofen auf 170 Grad vorheizen und ein Muffinblech mit Papierförmchen auslegen. Mandeln, Mehl, Salz, Gewürze und Backpulver gut vermischen.

2. In einer zweiten Schüssel die restlichen Zutaten vermengen. Beide Schüsseln vorsichtig vermischen, bis ein glatter Teig entsteht. Teig in die Förmchen (zu ¾). Für etwa 20 Minuten backen.

3. Den Joghurt mit einem Handmixer cremig schlagen und den Erythrit oder Stevia/Xylit dazu geben. Auf die ausgekühlten Cupcakes geben.

Cranberry Muffins

Energie 156 kcal, Kohlenhydrate 20 g, Eiweiß 11 g, Fett 4 g

40 Minuten

Zutaten:
100g Mandeln (gemahlen)
200g Vollkornmehl
1 Päckchen Backpulver
1 Prise Salz
50 ml Öl
1 Bananen-Mus (80g)
50g Erythrit oder Stevia/Xylit
120ml Pflanzenmilch
100ml Mineralwasser mit Kohlensäure
50 g getrocknete Cranberries
45g Walnüsse (gehackt)

Zubereitung:
1. Den Ofen auf 170 Grad vorheizen und ein Muffinblech mit Papierförmchen auslegen. Mandeln, Mehl, Salz und Backpulver gut vermischen.

2. In einer zweiten Schüssel die restlichen Zutaten vermengen. Beide Schüsseln vorsichtig vermischen bis ein glatter Teig entsteht. Teig in die Förmchen (zu ¾). Für etwa 20 Minuten backen.

Pretty in Pink

Energie 125 kcal, Kohlenhydrate 6 g, Eiweiß 8 g, Fett 5 g

10 Minuten

Zutaten:

Für das Süppchen
300 g Beeren (TK, Himbeeren, Brombeeren etc)
200 g fettarmer Joghurt
2 Esslöffel Erythrit oder
Stevia/Xylit

Topping
50 g Nüsse (grob gehackt)
50 g Getreideflocken
50 g gemischte Salatkerne

Zubereitung:
1. Alle Zutaten für das Süppchen mit dem Pürierstab zerkleinern. Topping mischen und oben drauf servieren.

Kiwi-Immunbooster

Energie 120 kcal, Kohlenhydrate 4 g, Eiweiß 12 g, Fett 7 g

10 Minuten

Zutaten:

200 g Kiwis (geschält, in Scheiben)
10 g Kurkuma (frisch)
5 g Ingwer
400 g fettarmer Joghurt
100 g gemahlene Nüsse
2 Esslöffel Leinsamen oder Chiasamen (ganz)
1 Esslöffel Erythrit oder Stevia/Xylit

Zubereitung:

1. Die Leinsamen oder Chia in 1 Esslöffel warmes Wasser legen und quellen lassen. Joghurt mit Kurkuma, Ingwer, Erythrit oder Stevia/Xylit und Nüssen mit einem Pürierstab zerkleinern. Die Samen einrühren und Kiwischeiben in ein Glas legen und Joghurt einfüllen.

Geht-immer-Fruchtsalat

Energie 90 kcal, Kohlenhydrate 4 g, Eiweiß 2 g, Fett 1 g

10 Minuten

Zutaten:
50 g Kiwi
50 g Banane
50 g Erdbeeren
50 g Orangen
1 Esslöffel Kokosraspeln oder Nüsse
Oder andere Früchte

Zubereitung:
1. Das Obst in mundgerechte Stücke schneiden und in einem Teller anrichten.

Grießpudding mit Roter Grütze

Energie: 195 kcal, Kohlenhydrate: 22 g, Eiweiß: 8 g, Fett: 4 g

40 Minuten

Zutaten:
200 g gemischte Beeren (TK oder frisch)
100 g Erythrit oder Stevia/Xylit
4 g Agar Agar-Pulver

Für den Pudding
60 g Gries
50 g Erythrit oder Stevia/Xylit
500 ml Pflanzenmilch

Zubereitung:
1. Die Beeren mit dem Erythrit oder Stevia/Xylit und dem Agar in einem Topf zum Kochen bringen und für 5 Minuten köcheln lassen.

2. Milch mit Erythrit oder Stevia/Xylit in einem Topf erwärmen und den Grieß mit einem Schneebesen einrühren.

3. In Gläser Beeren und Grießpudding abwechselnd schichten und im Kühlschrank abkühlen lassen.

Impressum

Kontakt: Maury Pena / Karlstr.22, / 71229, Leonberg
Covergestaltung: Fiverr
Bildnachweis: depositphotos
ISBN: 9798800382440

Printed in Poland
by Amazon Fulfillment
Poland Sp. z o.o., Wrocław

10672561R00114